DER
LEISTUNG
VON
VERHANDLUNG

Die Kunst des Deals beherrschen

BRIAN MYLES

DER LEISTUNG VON VERHANDLUNG : DIE KUNST DES DEALS BEHERRSCHEN

First edition. March 20, 2024.

Copyright © 2024 BRIAN MYLES.

ISBN: 979-8224734382

Written by BRIAN MYLES.

Also by BRIAN MYLES

Inhaltsverzeichnis

DER LEISTUNG VON VERHANDLUNG

Die Kunst des Deals beherrschen

BRIAN MYLES

Einführung

Ihre Fähigkeit, immer in Ihrem eigenen Interesse zu verhandeln, wird darüber entscheiden, wie erfolgreich Sie im Geschäft und im Leben sind. Eine entscheidende Fähigkeit, die nahezu alle Ihre Handlungen und Worte sowie Ihre Interaktionen im persönlichen und beruflichen Umfeld beeinflusst, ist das Verhandeln. Wenn Sie nicht in der Lage sind, in Ihrem eigenen Namen effektiv zu verhandeln, werden Sie unweigerlich zum Opfer anderer, die über überlegene Verhandlungsfähigkeiten verfügen. Wenn Sie verhandlungssicher sind, erhalten Sie immer ein besseres Angebot oder ein höheres Gehalt.

Man kann das Leben als eine große, ununterbrochene Verhandlungssitzung betrachten, die von der Geburt bis zum Tod dauert. Reden ist nie zu Ende. Es ist ein wichtiger Aspekt des Geschäfts, mit anderen Menschen zu interagieren und zu leben. Es ist der Prozess, durch den Menschen mit unterschiedlichen Idealen und Interessen nützliche Lösungen für ein friedliches Zusammenleben und Zusammenarbeit finden. Ihre Fähigkeit, geschickt zu verhandeln, ist entscheidend für Ihren Erfolg bei all Ihren sozialen Kontakten.

Seit Anbeginn der Zivilisation nehmen Menschen an Verhandlungen teil, um ihren relativen Status in der Gesellschaft zu verbessern. Jeder strebt danach, mehr von den guten Dingen im Leben zu haben: Erfolg, Ansehen, Glück, Reichtum, Status, Liebe und Sicherheit. Darüber hinaus möchten Menschen ihre Ziele auf die schnellste, einfachste und kostengünstigste Art und Weise erreichen. Jeder von uns befindet sich in einem Wettbewerbsumfeld mit mehreren anderen, die unseren Wunsch teilen, die gleichen Ziele und Ergebnisse zu erreichen.

Um sicherzustellen, dass wir für uns das bestmögliche Ergebnis erzielen, gleichen wir konkurrierende und widersprüchliche Bedürfnisse und Wünsche durch Handel, Verhandlungen und Kompromisse aus.

Wert ist subjektiv

Der Preis oder Wert eines Gutes wird einzig und allein durch den Grad der Nachfrage oder des Wunsches nach diesem Gut bestimmt. Was eine bestimmte Person zu einem bestimmten Zeitpunkt und unter bestimmten Umständen für wertvoll hält, bestimmt ihren Wert.

Da diese Art der Wertbeurteilung von Natur aus subjektiv ist, gibt es nie einen endgültigen Preis oder eine Reihe von Konditionen, die im Voraus vereinbart werden können. Die Bereitschaft von Menschen, einen Preis zu zahlen oder zu akzeptieren, wird immer von den beteiligten Parteien und der relativen Bedeutung ihrer Anforderungen zum Zeitpunkt der Transaktion beeinflusst. Subjektive Einschätzungen sind die Quelle des Drangs, Produkte, Dienstleistungen, Bargeld und andere Gegenstände zu handeln. Die Teilnehmer eines freiwilligen Handels oder einer freiwilligen Transaktion werden die Bedingungen und Preise nur dann akzeptieren, wenn sie der Meinung sind, dass ihnen dies auf lange Sicht mehr Vorteile bringt, als sich überhaupt nicht an der Diskussion oder Transaktion zu beteiligen. Wie sie sagen: „Meinungsunterschiede machen ein Pferderennen aus."

Praktisch Strategien und Methoden

Ich habe im Laufe der Jahre Verträge für Wohn-, Gewerbe- und Industrieimmobilien, einschließlich Einkaufszentren, Bürogebäude und Grundstückserschließung, für Millionen von Dollar ausgehandelt. Ich habe Verträge für Druck, Beratung, Schulung, Werbung, Konferenzen, Meetings sowie den Import und Vertrieb von Autos im Wert von über 25 Millionen US-Dollar ausgehandelt. Ich habe auch Verträge über den Verkauf von Tausenden von Dingen im Wert von mehreren Millionen Dollar ausgehandelt.

Die in diesem Buch vorgestellten Konzepte basieren daher auf jahrelanger Forschung in der Kunst und Wissenschaft des Verhandelns sowie auf einem reichen Erfahrungsschatz – sowohl im Positiven als auch im Negativen. Sie lernen einige der wichtigsten Ansätze und Techniken kennen, die es jemals im Bereich Verhandlungen gab.

Alle diese Konzepte sind praktikabel, validiert und sofort anwendbar. Sie sind effektiv und helfen Ihnen, in fast allen Situationen ein besseres Angebot zu erzielen. Tausende Unternehmer auf der ganzen Welt haben von meinen Lehren dieser Techniken profitiert und die Ergebnisse, die sie bei Verhandlungen erzielt haben, waren geradezu wundersam. Wenn Sie auch nur einen kleinen Teil des Gelernten methodisch anwenden, steigern Sie sowohl die Qualität als auch die Quantität Ihrer Erfolge.

Verhandeln ist lernbar

Auch die Kleinen können verhandeln. Kleine Umarmungen und Zuneigung sind das Geld, mit dem Kinder mit ihren Eltern und anderen Familienmitgliedern verhandeln. Ein wesentlicher Aspekt des menschlichen Lebens ist das Feilschen (oder Nichtverhandeln), das Eingehen von Kompromissen (oder das Nichteingehen von Kompromissen) und der Versuch, Interessenkonflikte zu lösen. Ihre Fähigkeit, effektiv zu verhandeln, kann einen tiefgreifenden Einfluss auf praktisch alles haben, was Sie im täglichen Leben erhalten oder geben, einschließlich Ihres Berufes, Ihrer Beziehungen, Finanzen und Beziehungen zu anderen.

Glücklicherweise ist Verhandlungen eine Fähigkeit, die wie jede andere erlernt werden kann. Jeder große Verhandlungsführer von heute war einst ein schlechter Verhandlungsführer, der zu weitaus schlechteren Vereinbarungen kam als heute. Ihre Verhandlungsfähigkeit wird sich mit der Zeit verbessern, wenn Sie sich Wissen aneignen, Ihre Strategien entwickeln und mehr üben. Sie werden sich glücklicher und selbstbewusster fühlen und mehr Kontrolle über Ihr Leben haben, während Sie immer bessere Ergebnisse erzielen.

Eine der effektivsten Methoden zum Lernen besteht darin, das, was wir derzeit tun, mit dem zu vergleichen und gegenüberzustellen, was wir tun könnten. Stellen Sie sich eine bedeutsame Situation in Ihrem Privat- oder Berufsleben vor, mit der Sie derzeit verhandeln. Überlegen Sie beim Lesen dieses Buches, wie Sie diese Strategien anwenden können, um Ihr aktuelles Leistungsniveau zu übertreffen.

SIE WERDEN ÜBERRASCHT sein, wie viel besser die Verhandlungen für Sie verlaufen und wie viel glücklicher Sie am Ende sind, wenn Sie diese Konzepte in die Praxis umsetzen.

Kapitel 1
Alles ist verhandelbar

Von nun an sollte Ihre Lebens- und Geschäftseinstellung auf dem Grundsatz basieren: „ALLES IST VERHANDELBAR. „Passivität ist eines der größten Hindernisse für Erfolg und Vergnügen. Menschen, die passiv sind, akzeptieren einfach die Art und Weise, wie die Dinge sind, und fühlen sich normalerweise nicht in der Lage, den Lauf der Dinge zu ändern. Umgekehrt sehen proaktive Menschen überall Chancen und Möglichkeiten und suchen ständig nach Methoden, um die Ereignisse zu ihrem Vorteil zu nutzen. Dies sollte auch Ihr Aktionsplan sein.

Denken Sie wie ein Verhandlungsführer

Selbst wenn etwas gedruckt oder niedergeschrieben wird, gibt es relativ wenige festgelegte Bedingungen oder Kosten. Man muss bedenken, dass alles verhandelbar ist, egal wie starr oder fest die Konditionen und Kosten auch erscheinen. Es liegt in Ihrer Verantwortung herauszufinden, wo und wie Sie ein besseres Schnäppchen als das bekommen, was Ihnen angeboten wird.

Im alten Sumer, als vor 6.000 Jahren erstmals Handel und Tauschhandel aufkamen, glaubte man allgemein, dass alle Preise verhandelbar seien. Auf Märkten und Basaren in Ländern der Dritten Welt sowie auf beliebten Flohmärkten und Flohmärkten in Ihrer Nähe ist jeder Preis, ob für den Kauf oder Verkauf, nur der Anfang der Reise für einen klugen Verhandlungsführer auf der Suche nach dem besten Angebot.

In einigen Teilen der heutigen Welt wird jedoch vom Verhandeln abgeraten. Viele Menschen glauben, dass dies unbedingt vermieden werden sollte, insbesondere diejenigen, die Waren oder Dienstleistungen auf dem Geschäftsmarkt verkaufen. Vielmehr drucken sie Ihnen eine Preisliste aus oder befestigen ein Preisschild an einer Ware oder Dienstleistung und teilen Ihnen dann den Preis mit, als wäre er in Stein gemeißelt. Ein aufgedruckter Preis ist jedoch bedeutungslos. Es handelt sich nicht um eine feste Tatsache. Dabei handelt es sich um die genaueste Schätzung der Zahlungswahrscheinlichkeit einer Person, die anderswo vorgenommen wurde. Jeder Preis, den jemand festlegt, kann sowohl von dieser Person als auch von einer anderen Person geändert werden.

Die Preise sind willkürlich

Fakt ist, dass alle Preise willkürlich festgelegt werden. Unternehmen orientieren sich bei ihrer Preisgestaltung zum Teil an den Kosten, der prognostizierten Rentabilität und dem Marktwettbewerb. Daher unterliegen alle Preise der Überarbeitung und Anpassung als Reaktion auf sich ändernde Informationen. Jedes Mal, wenn Sie einen Verkauf jeglicher Art sehen oder darüber lesen, der zu niedrigeren Preisen führt, ist das ein Zeichen dafür, dass das Unternehmen bei der Festsetzung des Preises überhaupt einen Fehler gemacht hat.

Unabhängig davon, wie hoch der aktuelle Preis ist, sollten Sie davon ausgehen, dass Sie diesen Verkauf zu Ihren Gunsten gestalten können. Vielleicht können Sie das Gewünschte schneller, günstiger oder zu besseren Konditionen erwerben. Entwickeln Sie die Praxis, ständig nach Möglichkeiten zu suchen, die Konditionen oder Kosten zu verbessern.

Verträge sind lediglich BeginnendPunkte

WENN SIE BEISPIELSWEISE einen Vertrag oder eine Vereinbarung erhalten, haben Sie das Recht, alle Bedingungen oder Abschnitte, die Ihnen nicht gefallen, zu streichen oder zu ändern. Beachten Sie, dass jeder Vertrag, den Ihnen ein Verkäufer (oder jemand anderes) vorlegt, vom und in seinem Namen erstellt wurde. Der Vertrag enthält nur sehr wenig, was Ihren Interessen dienen soll. Lassen Sie sich niemals von der Tatsache abschrecken, dass ein Kaufvertrag oder ein Vertrag formell und schriftlich niedergelegt ist.

Wir haben vor einigen Jahren einen Fünfjahresvertrag für neue Räume in einem neuen Bürogebäude unterzeichnet. Einige Jahre später wurde das Bürogebäude vom Bauherrn an ein anderes Immobilienunternehmen verkauft.

Bei einem Treffen mit jedem Mieter teilten die neuen Hausverwalter ihnen mit, dass sie aus rechtlichen Gründen alle einen neuen Mietvertrag mit dem neuen Eigentümer unterzeichnen müssten. Uns wurde jedoch mitgeteilt, dass es keinen Grund zur Sorge gäbe. Die Bedingungen wären im Wesentlichen dieselben wie im ursprünglichen Mietvertrag, den wir unterzeichnet haben, mit ein paar kleinen Änderungen.

Der neue Mietvertrag war zum Zeitpunkt der Unterzeichnung etwa zehn Seiten länger als der alte. Nach Durchsicht entdeckte ein Freund von mir, der sich auf gewerbliche Bürovermietung spezialisiert hat, zweiundfünfzig Ergänzungen und Streichungen zum ursprünglichen Mietvertrag! Und jede einzelne davon war entweder direkt schädlich für unser Geschäft oder hatte das Potenzial dazu.

Was wir erreicht haben, war ganz einfach. Wir gingen den aktualisierten Mietvertrag durch und nahmen alle zweiundfünfzig Änderungen vor – durchstreichen, überarbeiten und beginnen. Der aufgezinste Mietvertrag wurde anschließend von uns an die Gebäudeeigentümer zurückgegeben. Ein paar Tage später kamen sie mit einem komplett überarbeiteten Vertrag zu uns zurück, der alle 52 unserer gewünschten Änderungen enthielt.

Die Lehre aus dieser Geschichte besteht darin, sich niemals von den Geschäftsbedingungen eines Kauf- oder Verkaufsgeschäfts einschüchtern zu lassen. Alles, was die andere Partei sagt, behauptet oder schriftlich als Vertrag festlegt, ist verhandelbar. Vereinfacht gesagt ist eine Einigung nur der Anfang des Prozesses.

Kapitel 2
Überwinde deine VerhandlungÄngste

U m ein besseres Angebot zu erhalten, kommt es auf die Einfachheit an. Anfragen. Machen Sie ein Angebot für bessere Konditionen oder einen reduzierten Preis. Fordern Sie Änderungen und Anpassungen des Vertrags an. Fordern Sie Vergünstigungen, Rabatte, zusätzliche Produkte oder Dienstleistungen oder zusätzliche Inklusivleistungen an, die im Gesamtpaket enthalten sein sollen. Stellen Sie eine freundliche Anfrage. Fragen Sie mit Vorfreude. Fragen Sie mit Zuversicht. Eine höfliche Bitte vorbringen. Stellen Sie eine konkrete Anfrage, wenn Sie glauben, dass dies vorteilhafter ist. Aber formulieren Sie immer klar und deutlich, was Sie sich wünschen. Fragen Sie ständig nach dem Warum und warum nicht.

Den Aspiranten gehört die Zukunft. Wer offen und selbstbewusst um das bittet, was er will, und immer und immer wieder fragt, wird die Zukunft beherrschen.

Wenn man bedenkt, wie einfach dieser Vorschlag ist, warum ergreifen nicht mehr Menschen die Initiative und fragen nach dem, was sie wollen? Für viele von uns reicht es bis in unsere frühen Lebensjahre zurück. Es beginnt immer mit der Angst, aufgrund von Kritik und dem Mangel an bedingungsloser Zuneigung abgelehnt zu werden, die viele Menschen als Kinder erlebt haben. Kinder, die in ihren prägenden Jahren nicht in einer angemessen fürsorglichen Atmosphäre aufwachsen, haben wahrscheinlich ein geringes Selbstwertgefühl und ein geringes Selbstvertrauen. Daher sind sie häufig nicht der Meinung, dass sie ein besseres Angebot als das, das ihnen angeboten wird, erzielen können.

Menschen können ihr ganzes Erwachsenenleben lang von dieser Angst vor Ablehnung zurückgehalten werden. Aus Angst, dass jemand „Nein" sagen könnte, akzeptieren sie häufig Geschäftsbedingungen, Anstellungsbedingungen und Preise (sowohl für den Einkauf als auch für den Verkauf), die deutlich ungünstiger sind, als sie realistischerweise erreichen könnten.

Sie können die Angst überwinden, indem Sie ihr entgegenwirken. Sie können Ihre Angst vor Ablehnung überwinden, wenn Ihr typisches Verhalten darin besteht, die Ihnen vorgelegten Geschäftsbedingungen passiv zu akzeptieren.

besseres Angebot zu machen und keine Bedenken zu zeigen, wenn die Person ablehnt.

Wiederholen Sie dies, bis die Angst allmählich nachlässt und verschwindet. Dies wird als „systematische Desensibilisierung" bezeichnet, wenn Sie sich Ihrer Angst stellen und so lange das tun, wovor Sie Angst haben, bis die Angst schließlich verschwindet.

Das Gleiche gilt für Mut: Angst ist eine Gewohnheit. Sie steigern Ihr Selbstvertrauen und Ihr Selbstwertgefühl wirklich, indem Sie sich zu mutigem Verhalten drängen, insbesondere wenn Sie während einer Verhandlung bessere Konditionen und Preise fordern.

Kaltakquise schafft Mut

Eine der wertvollsten Lektionen meines Lebens habe ich gelernt, als ich anfing, stundenlange Kaltanrufe und Haustürverkäufe zu tätigen. Ich wurde zum ersten Mal häufiger abgelehnt, als ich es mir hätte vorstellen können. Fast alle Türen, an die ich klopfte, blieben mir verschlossen, weil mir gesagt wurde, dass die Person kein Interesse an meinem Produkt hatte oder kein Interesse daran zeigte. Das Wort „Nein" wurde mir hunderte, sogar tausende Male gesagt. Dann fragte ich eines Tages einen erfahrenen Verkäufer, wie er mit dieser ständigen Ablehnung umging.

Dies sind die wichtigen Worte, die er mit mir teilte: „Ablehnung ist nichts Persönliches."

Eine Ablehnung sollte nicht persönlich sein. Wenn jemand Ihre Anfrage während einer Verhandlung ablehnt, bedeutet das nicht, dass er Sie oder Ihren Wert nicht respektiert. Es fällt kein Urteil über Ihren moralischen Charakter. Für denjenigen, der Nein ausdrückt, handelt es sich lediglich um eine geschäftliche Antwort auf ein Angebot. Das hat nichts mit dir zu tun. Vermeiden Sie es, Dinge persönlich zu nehmen.

Nachdem ich dieses entscheidende Konzept erkannt hatte, verwandelte ich mich in eine Marketingmaschine. Ich würde mutig von Tür zu Tür auf die Leute zugehen und sie bitten, meine Waren zu kaufen. Egal wie oft ich das Wort „Nein" hörte, ich konnte nur lachen. Mir wurde klar, dass die andere Person mich völlig vergessen hatte.

Die andere Person zeigte nur die Art von reflexartiger Reaktion, die jedes Mal auftritt, wenn jemand etwas vorschlägt, das von der Norm abweicht. Eine Ablehnung ist nichts Persönliches.

Gebäude ein Imperium

Einer meiner Seminarteilnehmer war ein Bauarbeiter aus Phoenix, der die Entscheidung traf, ältere Häuser zu kaufen und sie für genug Geld zu vermieten, um die Hypothek zu decken und einen Gewinn zu erzielen. Allerdings hatte er zunächst nicht viel Geld.

Dennoch fing er an, in der Zeitung nach Häusern zu suchen, die „nach Eigentümer" aufgelistet waren und nicht über einen Immobilienmakler. Er fing an, diese Hausbesitzer anzurufen, Besichtigungen zu vereinbaren, und nachdem er sich entschieden hatte, dass es ein gutes Haus zum Kauf, zur Renovierung und zur Miete wäre, wandte er sich an den Eigentümer und unterbreitete ihm ein Angebot in Höhe von fünfzig Prozent des geforderten Preises. Einige Hausbesitzer waren verärgert. Andere waren empört. Er befragte jedoch zwanzig Hausbesitzer, und einer von ihnen durchlief immer ein Lebensszenario, das den Eigentümer zu einem äußerst motivierten Verkäufer machte. Einige hatten ihren Job verloren, ihre Geschäfte waren geschlossen, sie ließen sich scheiden, meldeten Insolvenz an oder sie hatten die Entscheidung getroffen, im ganzen Land umzuziehen, und das Einzige, was sie davon abhielt, war der Verkauf ihres Hauses.

Mit anderen Worten: Nach neunzehn Ablehnungen würde ein Gegenangebot gemacht, und nach dessen Annahme würde der Käufer 60–70 % des geforderten Preises zahlen.

Einige Jahre lang war er bereit, das Wort „Nein" immer wieder zu hören, aber danach besaß er 42 Wohnungen und verdiente mehr als 10.000 Dollar pro Monat. Er war auf dem Weg zum Millionär. Und das alles war möglich, weil es ihm nichts ausmachte, wenn man ihm Nein sagte, wenn er um das bat, was er wollte.

Verhandeln als Spiel

Betrachten Sie das Verhandeln als ein Spiel. Es geht nicht um Leben oder Tod. Es handelt sich lediglich um eine Form der Leichtathletik. Es gehört tatsächlich zu den besten Spielen, die Sie jemals spielen werden. Es liegt in Ihrer Verantwortung, das Spiel so gut wie möglich zu spielen und sich ständig zu verbessern.

Erfahrene Verhandlungsführer bestehen darauf, praktisch ständig zu reden. Sie verhandeln und feilschen, weil es ihnen Spaß macht.

Sobald Sie anfangen, Verhandlungen als einen unterhaltsamen Zeitvertreib zu betrachten und Ihre Gelassenheit, Ihr Selbstvertrauen und Ihre Freude bewahren, werden Sie Chancen erkennen, in Ihrem eigenen Namen zu verhandeln, wo immer Sie auch hingehen und bei fast allem, was Sie tun.

Kapitel 3

Die Arten von Verhandeln

ES GIBT ZWEI MÖGLICHKEITEN ZU Verhandeln. Jeder von ihnen hat ein bestimmtes Ziel und eine beabsichtigte Konsequenz. Das Problem besteht darin, dass sie häufig in die Denkweise des Verhandlungsführers einfließen, was zu schlechteren Ergebnissen führt, als wenn Sie völlig klar darüber wären, was Sie tun und was Sie erreichen wollen.

Ich bezeichne die erste Verhandlungsart als Typ I oder „einmaligen" Verhandlungsstil. In diesem Fall beabsichtigen Sie, mit der Gegenseite nur einmal zu verhandeln oder zu verhandeln, und nie wieder. Das einzige Ziel jeder Verhandlungsseite besteht darin, die besten Konditionen und den höchsten oder niedrigsten Preis für diesen bestimmten Erwerb oder Verkauf zu erzielen.

Machen Sie keine Gefangenen

Bei Verhandlungen vom Typ I treten Sie und die Gegenpartei gegeneinander an. Wenn er kauft, ist es sein Ziel, Ihnen den niedrigstmöglichen Preis zu bieten; Wenn er verkauft, ist es sein Ziel, den größtmöglichen Betrag von Ihnen zu erhalten. Du bist nicht sein Freund. Egal wie freundlich und angenehm er sich während der Verhandlung verhält oder wie viel er lächelt, er denkt nur an sich selbst und seinen persönlichen Gewinn oder Lohn. Es ist ihm eigentlich egal, ob man am Ende zu viel bezahlt oder zu wenig erhält.

Bei dieser Art der Verhandlung müssen Sie kühl, gerissen und selbstbewusst sein und das Recht haben, jede Taktik oder List anzuwenden, um das beste Angebot zu erhalten. Nach Abschluss dieser Transaktion sollten Sie davon ausgehen, dass Sie diese Person nie wieder sehen oder etwas von ihr hören werden. Es spielt keine Rolle, ob diese Person Sie respektiert, Sie mag oder Ihr Kumpel sein möchte. Wichtig ist nur, dass Sie den besten Preis aushandeln.

In späteren Kapiteln werden Sie eine Reihe von Methoden und Ansätzen entdecken, die Sie anwenden können, um Ihre Leistung bei dieser Art von Verhandlungen zu verbessern.

LANGFRISTIGE VERHANDLUNGEN

Langfristige Verhandlungen, auch Typ II genannt, sind die zweite Verhandlungsart, bei der Sie einen komplexeren Deal abschließen möchten, der über einen längeren Zeitraum abgeschlossen werden muss. Angesichts der Art der Ware, Dienstleistung, des Vertrags oder der Vereinbarung, die in diesem Fall besprochen wird, kann es sein, dass Sie noch mehrere Monate oder sogar Jahre lang mit derselben Person oder demselben Unternehmen zusammenarbeiten.

Als ich vor dreißig Jahren begann, Audio- und Video-Lernprogramme zu erstellen, arbeitete ich mit einem Hersteller/Vertriebshändler in Chicago zusammen. Ich war dankbar für die Bereitschaft des Unternehmens, meine Programme im In- und Ausland zu vermarkten, und glücklicherweise stellte mir das Unternehmen eine Reihe angemessener und branchenüblicher Geschäftsbedingungen zur Verfügung. Dreißig Jahre später habe ich weiterhin enge Arbeitsbeziehungen zu diesem Unternehmen und seinen Schlüsselpersonen, vom Präsidenten abwärts.

Der Markt hat sich im Laufe der Jahre weiterentwickelt, viele Menschen kamen und gingen, immer mehr Produkte wurden auf den Markt gebracht, gewannen an Popularität und verschwanden dann vom Markt.

Aber mein Umgang mit den wichtigen Akteuren in diesem Geschäft war immer freundschaftlich, angenehm, freundlich und professionell. Ich habe im Hinblick auf die Geschäftsaussichten und -ergebnisse stark von der Beziehung profitiert, da ich sie immer als langfristiges Engagement betrachtet habe.

Der ChinesischVertrag

Ich habe vor Jahren damit begonnen, diese Methode anzuwenden und habe seitdem Tausenden von Führungskräften und Unternehmen beigebracht, wie man sie mit großer Zufriedenheit und fantastischen Ergebnissen anwendet. Beginnen wir damit, die Unterschiede zwischen einem chinesischen Vertrag und einem typischen westlichen Vertrag zu erkennen.

Im Westen nimmt die Aushandlung des Kleingedruckten eines Vertrags viel Zeit in Anspruch. „Die erste Partei soll dies tun, und die zweite Partei soll jenes tun." Dieser Vertrag dient dann als Grundlage für die gesamte Handelspartnerschaft. Von jeder Partei wird verlangt, dass sie ihre Verpflichtungen genau so erfüllt, wie sie im schriftlichen Vertrag dargelegt sind .

Jede Abweichung von den Bedingungen der schriftlichen Vereinbarung kann zu Strafen, Rechtsstreitigkeiten und/oder Vertragsbrüchen führen.

Jedes Jahr verbringe ich viel Zeit in China, wo die Bedingungen und Umstände der Vereinbarung ausgehandelt, besprochen und vereinbart werden. Anschließend werden sie schriftlich festgehalten, überprüft, geändert und von beiden Seiten offiziell unterzeichnet.

Dies ist die letzte Phase eines westlichen Vertrags und markiert den Abschluss der Gespräche oder Verhandlungen. Allerdings markiert dies im chinesischen Vertrag den Beginn der Gespräche und Verhandlungen.

Alles, was man sich vorstellen oder vorhersagen kann, ist in der chinesischen Mentalität festgehalten. Es versteht sich jedoch, dass im weiteren Verlauf der Vereinbarung neue Umstände und Fakten ans Licht kommen werden. Der Vertrag muss im Lichte dieser neuen Informationen und dieser neuen Umstände überarbeitet werden, um für beide Parteien fair und gerecht zu bleiben.

Wenn ich mit einem Gegenüber verhandele (und ich habe Vereinbarungen mit Kunden in mehr als 60 Ländern), kommen wir häufig zum Abschluss komplizierter, mehrteiliger Vereinbarungen, deren Fertigstellung ein paar Seiten in Anspruch nimmt und Tausende von Dollar kostet.

Ich sage gleich Folgendes: „Lassen Sie uns einen chinesischen Vertrag zwischen uns abschließen. Im Rahmen einer solchen Vereinbarung werden wir uns beide auf die grundlegenden Bedingungen und Umstände des Geschäfts einigen, das wir gemeinsam tätigen würden. Ich möchte jedoch, dass wir das beide tun." Inhalt. Für den Fall, dass sich die Umstände unserer Vereinbarung zu irgendeinem Zeitpunkt ändern, lassen Sie uns gemeinsam die Allgemeinen Geschäftsbedingungen überarbeiten, damit wir beide weiterhin zufrieden sind.

Die gute Nachricht ist, dass meine Partner und ich in all unseren gemeinsamen Geschäften nie über einen dieser „chinesischen Verträge" gestritten, uns nicht einig waren oder vor Gericht gegangen sind. Stattdessen sind wir immer herzlich, offen und engagiert geblieben, um den Nutzen für beide Seiten zu maximieren.

Kapitel 4

Lebenslange Geschäftsbeziehungen

D as ist praktisch in jeder Branche gleich. Normalerweise beginnen Sie auf einer niedrigeren Ebene mit der Zusammenarbeit mit einem Unternehmen oder einer Einzelperson, und im Laufe der Zeit kann sich diese Geschäftsbeziehung zu einem der wichtigsten Aspekte Ihres persönlichen und finanziellen Lebens entwickeln.

Ziel der Verhandlungen ist es, „eine Einigung zu erzielen, sodass die Bedürfnisse aller Parteien in dem Maße befriedigt werden, dass sie intern motiviert sind, ihre Verpflichtungen zu erfüllen und nachfolgende Verhandlungen und Transaktionen mit derselben Partei einzugehen", so der ehemalige professionelle Verhandlungsführer Gerard Nierenberg.

Lassen Sie uns diese Definition in ihre Bestandteile zerlegen. Erstens weist der Ausdruck „eine Einigung erzielen ..." darauf hin, dass das Ziel einer kontinuierlichen Diskussion darin besteht, eine Einigung zu erzielen, und nicht darin, die andere Partei zu gewinnen, zu verlieren oder zu schlagen. Die beiden Seiten verhalten sich ganz anders als beim einmaligen Verhandlungsansatz, und die Ergebnisse sind in der Regel weitaus besser, wenn beide Parteien mit dem echten Wunsch in den Verhandlungsprozess eintreten, einen Weg zu einer Einigung zu finden.

Der zweite Satz der Definition, „...so dass alle Parteien ihre Bedürfnisse befriedigt haben", erkennt an, dass jeder Verhandlungsteilnehmer Bedürfnisse und Wünsche hat, die sich von denen der anderen Seite unterscheiden. Das ist der Grund, warum diese Diskussion oder Verhandlung überhaupt stattfindet. Um eine langfristige Vereinbarung aufrechtzuerhalten, müssen beide Seiten

Mittel finden, um sicherzustellen, dass die Grundbedürfnisse der anderen Partei erfüllt werden.

BEIDE PARTEIEN MÜSSEN glücklich sein

Der dritte Abschnitt der Definition, „... soweit sie intern motiviert sind, ihre Verpflichtungen zu erfüllen", zeigt an, dass beide Parteien mit dem Ergebnis der Verhandlung so zufrieden sind, dass sie sich wünschen, dass die daraus resultierende Geschäftsvereinbarung erfolgreich ist, und mehr als zufrieden sind bereit, ihr Wort zu halten, um von der Vereinbarung zu profitieren.

Ich habe einmal mit einem Top-Manager einer großen lernenden Organisation gesprochen. Er erzählte mir ziemlich stolz, dass er für sein Unternehmen ein tolles Geschäft mit einem Verlag gemacht hatte. Er hatte sie so weit „zermürbt", dass sie schließlich Vorschüssen und Lizenzgebühren zustimmten, die den Betrag, den das Unternehmen seinen anderen Autoren und Programmierern zahlte, bei weitem überstiegen.

Als Produktentwickler für diesen Verlag erfuhr ich kürzlich – zu meiner Überraschung –, dass dieser Herr ein viel besseres Geschäft ausgehandelt hatte als jemals zuvor in den Jahren meiner Zusammenarbeit mit demselben Verlag. Der Kanzleipräsident teilte mir am Telefon mit, dass die Gegenseite während der Verhandlungen recht aufdringlich und feindselig gewesen sei. Es gab keine Bereitschaft zu Zugeständnissen oder Flexibilität. Entweder stimmte der Verlag zu, die zusätzlichen Gebühren zu zahlen, oder diese Partei würde nicht nur gehen, sondern auch Gerüchte über den Verlag an andere weitergeben.

„Wir wollten keine unfreundlichen Leute auf dem Markt haben, deshalb haben wir höflich ihren Geschäftsbedingungen zugestimmt", erklärte der Präsident. Wir müssen ihr Produkt nicht mehr vertreiben; Wir haben einfach das alleinige Recht dazu.

Das ist nicht unser Wunsch. Wir werden ihre Sachen in unseren Regalen aufbewahren, bis sie zurückkommen und sie wollen. Wir werden es ihnen in diesem Moment zur Verfügung stellen und die Kommunikation mit ihnen vollständig abbrechen.

Dieser leitende Angestellte hatte einen scheinbar großartigen, über dem Marktpreis liegenden Preis für sein Angebot ausgehandelt. Da er jedoch den

Wert einer langfristigen Partnerschaft nicht erkannte, blieb ihm und seinem Unternehmen kaum mehr als ein Vertrag, der Bedingungen und Preise enthielt, die das andere Unternehmen nicht einhalten wollte oder konnte.

Der Gesetz vonIndirekter Aufwand

Es gibt ein Verhandlungskonzept, das als Gesetz der indirekten Anstrengung bekannt ist. Darin wird behauptet, dass indirektes Handeln bessere Ergebnisse bringt als direktes Handeln. Anders ausgedrückt: Sie werden in einer Verhandlung weniger effektiv sein, je stärker Sie sich bemühen, Ihre eigenen Ziele zu erreichen. Wenn Sie unverhohlen auf Ihre Ziele hinarbeiten, fühlen sich andere Menschen unter Druck gesetzt, zurückzudrängen, um sich zu schützen und zu verteidigen.

Je mehr Sie jedoch versuchen, einen indirekten Ansatz zu finden – einen Weg, die andere Partei zufriedenzustellen –, desto eher wird die andere Partei bereit sein, mit Ihnen zusammenzuarbeiten, um eine zufriedenstellende Vereinbarung zu treffen.

Ralph Waldo Emerson sagte einmal: „Um einen Freund zu haben, muss man zuerst ein Freund sein." Wenn Sie das Gesetz der indirekten Anstrengung anwenden, können Sie die Menschen dazu bringen, sich zu entspannen und nach Möglichkeiten zu suchen, ein Geschäft abzuschließen, das auch für Sie zufriedenstellend ist, wenn Sie sich darauf konzentrieren, eine Einigung zu erzielen, die in ihrem besten Interesse ist.

Aus diesem Grund erkläre ich normalerweise, dass ich möchte, dass Sie mit dem, was wir heute hier entscheiden, zufrieden sind. Ich bin offen für alle Gedanken oder Empfehlungen, die Sie haben, um sicherzustellen, dass Sie am Ende unseres Gesprächs und später zufrieden sind. Natürlich möchte ich auch glücklich sein, aber ich habe die Erfahrung gemacht, dass es mir meist gut geht, wenn ich mich auf das eigene Glück konzentriere.

Mit dieser Strategie entwaffne ich fast immer meinen Verhandlungsführer und wir kommen fast immer zu einem für beide Seiten akzeptablen Kompromiss. Wir gehen beide zufrieden.

Denke an die Zukunft

Dies ist die wichtigste Komponente von allen in einer langfristigen Geschäftsvereinbarung: „...und die Aufnahme nachfolgender Verhandlungen und Transaktionen mit derselben Partei", so Nierenbergs vierte und letzte

Definition. Dies zeigt, dass beide Seiten mit dem Verlauf der Transaktion so zufrieden sind, dass sie bestrebt und willens sind, sich in Zukunft an weiteren Deals zu beteiligen.

Heutzutage betrachten die erfolgreichsten Unternehmen ihre Beziehungen zu Lieferanten, Händlern und Kunden als „Partner". „Anstatt ihre Aktivitäten auf zahlreiche Lieferanten zu verteilen, konzentrieren sie ihr Geschäft auf einen Hauptlieferanten, mit dem sie enge Arbeitsbeziehungen aufbauen, um die Qualität zu verbessern, Effizienz zu steigern und letztendlich die Kosten zu senken und den Gewinn für beide Seiten zu steigern. Heutzutage nutzt praktisch jeder Unternehmensführer in allen Branchen diese Taktik.

Da Verhandlungen vom Typ II ein fortlaufender Prozess sind, fehlt ihnen ein wahrer Anfang, eine Mitte oder ein Ende. Der erste Schritt bei dieser Art von Verhandlungen ist der Aufbau hochwertiger, auf Glaubwürdigkeit und Vertrauen basierender Verbindungen.

Die besten Geschäftsbeziehungen, die Sie jemals haben werden, basieren auf Verträgen, die alle glücklich machen und für immer Bestand haben, egal ob es sich um Verkäufe, Käufe, Jobs, Kredite oder irgendetwas anderes handelt.

Am schlimmsten ist eine Verhandlung, wenn keine der Parteien mit dem Ergebnis zufrieden ist. Auf weitere Verhandlungen zwischen den beiden Parteien besteht kein Wunsch. Darüber hinaus ist keine der Parteien motiviert oder bereit, ihren Teil der Abmachung einzuhalten.

Kapitel 5
Die sechs Verhandlungsstile

E s gibt verschiedene Verhandlungsansätze, aber es ist wichtig, genau zu sagen, welche Verhandlungsart Sie anwenden und welches Ergebnis Sie anstreben.

Win-Lose-Verhandlungen

Bei der ersten Verhandlungstechnik, bekannt als „Win-Lose-Verhandlung", gewinnt Partei A und Partei B verliert. Dies ist das Ziel von Verhandlungen vom Typ I, wie in der Diskussion in Kapitel drei erläutert wird. Diese Strategie wird in einer einzigen Transaktion angewendet, wenn Sie etwas zum besten Preis kaufen oder für das meiste Geld verkaufen möchten. Wenn Sie sich auf diese Art von Verhandlungen einlassen, ist es nicht Ihr Ziel, langfristige Beziehungen aufzubauen oder Freunde zu werden. Es geht nur darum, das bestmögliche Schnäppchen zu machen.

Wenn die andere Person mit den Konditionen oder dem Preis verärgert oder unzufrieden ist, ist es Ihnen eigentlich egal. Nur zu gewinnen ist Ihr Ziel.

Natürlich führt diese Art der Verhandlung nicht zu mehr Geschäften oder Transaktionen, es sei denn, es gibt bestimmte Ausnahmen, etwa wenn Sie Ihre Sachen verpfänden, um schnell Geld zu verdienen. In diesem Fall ist die Person, die den Gegenstand verpfändet, der Verlierer und erhält einen Teil des Werts des Gegenstands, während der Pfandleiher der Gewinner ist und einen Teil des Werts des Gegenstands zahlt.

Verhandlungen mit Verlust und Gewinn

Die zweite Verhandlungsart wird als „Verhandlung mit Verlust und Gewinn" bezeichnet und ist genau das Gegenteil der Verhandlung mit Gewinn und Verlust oder einfach die umgekehrte Form der ersten Verhandlung. Partei A verliert und Partei B gewinnt, was sie will. Während die Bedürfnisse von A unbefriedigt bleiben, werden die Bedürfnisse von B erfüllt. Diese Verhandlungsmethode wird angewendet, wenn beide Parteien den anderen als Gegner oder Gegner betrachten, der mit allen erforderlichen Mitteln unterworfen werden sollte.

Lose-lose-Verhandlungen

Die dritte Strategie nennt sich „Lose-Lose-Verhandlung", bei der zwei Parteien einen Vertrag abschließen, bei dem keiner von ihnen zufrieden ist, weil keiner von ihnen viel von dem bekommt, was sie sich erhofft hatten. Bei solchen Verhandlungen kommt es häufig zu Feindseligkeit, Streit und Feindseligkeit.

Zum Beispiel könnte der Ehemann seiner Frau sagen: „Lass uns heute Abend essen gehen", wenn er nach Hause kommt. Wohin willst du gehen?"

Als Antwort sagt sie, dass sie Meeresfrüchte essen gehen möchte. Er antwortet, dass er lieber italienisches Essen essen würde, weil er die Meeresfrüchte satt habe. Sie behauptet, sie hätte in letzter Zeit zu viel italienisch gegessen und es sei ihr egal. Sie beschließen schließlich, chinesisches Essen zu essen, um den Frieden zu wahren, was keiner von ihnen wirklich tun möchte, aber es scheint in dieser Situation die einzig vernünftige Lösung zu sein.

Das ist eine Verhandlung mit Verlust. Weder der Ehemann noch die Ehefrau bekommen, was sie wollen. Sie sind jedoch bereit, das Ergebnis der Diskussion zu akzeptieren, weil es besser ist, als gar nichts zu erhalten.

Kompromissverhandlungen

Der Begriff „Kompromiss" bezieht sich auf die vierte Art von Verhandlungen, bei der beide Seiten etwas gewinnen und daher besser dran sind, die Bedürfnisse jedoch keiner der Parteien vollständig befriedigt werden. Nach der Verhandlung hinterlässt keine der Parteien einen positiven Eindruck. Sie sind nicht sehr unzufrieden mit dem Ergebnis der Verhandlungen, aber sie sind auch nicht so verärgert, dass sie eine Einigung verweigern.

NO-DEAL-VERHANDLUNGEN

Die fünfte Verhandlungsform ist als „No-Deal-Verhandlung" bekannt. In diesem Szenario äußern sowohl Sie als auch Ihr Gegner Ihre Anforderungen, Interessen und Standpunkte und stellen fest, dass Sie keinen Konsens erzielen können. Ihr zwei seid zu getrennt. Sie erklären sich damit einverstanden, nicht zuzustimmen. Sie trennen sich ohne Groll oder Unzufriedenheit. Es steht Ihnen beiden frei, die Verhandlungen zu einem späteren Zeitpunkt fortzusetzen, wenn die Umstände andere sind.

Beispielsweise möchten Sie möglicherweise einen bestimmten Artikel kaufen, der geforderte Preis ist jedoch zu hoch.

Sie machen ein günstigeres Angebot, aber die andere Person lehnt es ab. Keiner von euch ist bereit, tiefer zu fallen, und keiner von ihm ist bereit, noch höher zu steigen. Nichts passiert.

Win-Win-Verhandlungen

Der ideale Vertragstyp ist eine „Win-Win-Verhandlung", die Sie anstreben sollten. Bei einer Win-Win-Verhandlung glauben beide Seiten, dass sie gewonnen haben. Jede der Parteien glaubt, ein tolles Geschäft gemacht zu haben. Beide Seiten sind zufrieden, zufrieden und bereit, ihr Wort zu halten und zu gleichen oder vergleichbaren Konditionen neue Geschäfte abzuschließen.

Bei Win-Win-Verhandlungen geht es fast immer darum, eine dritte Option zu finden, die den ursprünglichen Vorschlägen beider Parteien überlegen ist. Beide Seiten haben eine Reihe vorgegebener Standpunkte, Interessen und Ideen, die in die Diskussion einfließen. Sie stellen häufig fest, dass ein Kompromiss zwischen den beiden gegensätzlichen Standpunkten nicht erreichbar ist. Am Ende entwickeln sie jedoch eine dritte Option, die größtenteils nicht das ist, was die Parteien zu Beginn der Verhandlungen im Sinn hatten.

Wenn sich die dritte Option als besser erweist als die, die eine der beiden Parteien ursprünglich vorgeschlagen hatte, kommt es zu einer Win-Win-Verhandlung.

Suchen Sie nach einer Win-Win-Lösung

Ich habe vor einiger Zeit mit den Gemeinderatsmitgliedern über einen Immobilienentwicklungsvertrag für 330 Wohnungen verhandelt. Meine Kunden hatten den Entwurf für die Siedlung fertiggestellt und das Grundstück am Rande der Stadt gekauft. Aber die Stadtväter wollten die Modernisierung außerhalb des Geländes mit 10.000 US-Dollar pro Grundstück, also insgesamt 3,3 Millionen US-Dollar, im Voraus in bar bezahlen. Dies war keine übermäßige Summe, wenn man bedenkt, wie viel Geld die Stadt investieren müsste, um die neue Unterteilung einzurichten. Das Problem bestand darin, dass meinen Kunden die Mittel fehlten, um die erste Zahlung zu leisten.

Da es so aussah, als wären wir in einer Sackgasse angelangt und meine Kunden begannen, die Hoffnung zu verlieren, dass der Verkauf klappen würde, schlug ich eine Win-Win-Option vor. „Es scheint, dass die 3,3 Millionen US-Dollar mit dem letzten Punkt zusammenhängen", bemerkte ich. Das ist mein Vorschlag.

Wir sind nun damit einverstanden, Ihnen die 3,3 Millionen US-Dollar zur Verfügung zu stellen, um die Sie gebeten haben.

„Wir werden allem zustimmen, was wir in den letzten drei Tagen besprochen haben, einschließlich der Zahlung von 3,3 Millionen Dollar an die Stadt, aber wir brauchen ein kleines Zugeständnis von Ihnen", sagte ich. Wir möchten Ihr Einverständnis dazu erhalten, die 3,3 Millionen US-Dollar zum Preis von 10.000 US-Dollar pro Grundstück zu erhalten, wenn wir sie an Bauträger und Hausbauer verkaufen.

Alles war ruhig im Raum. Endlich beendete der Bürgermeister die Stille. Der Deal wurde abgeschlossen. „Natürlich möchten wir den gesamten Betrag im Voraus erhalten", fügte er hinzu, „aber wenn eine Teilzahlung beim Verkauf der Grundstücke das Beste ist, was Sie tun können, können wir damit leben."

Ich teile diese Anekdote, weil sie veranschaulicht, was bei der Suche nach einer Win-Win-Lösung häufig vorkommt. Bereiten Sie sich auf kreatives Denken vor.

IDENTIFIZIEREN SIE die Dinge, die beide Parteien in einer Verhandlung zweifelsfrei haben müssen, und versuchen Sie dann herauszufinden, wie Sie dorthin gelangen, damit sich alle als Gewinner fühlen.

Kapitel 6

Die Verwendungen von Macht
im Verhandeln

In einer Verhandlung haben SIE fast immer mehr Macht, als Sie glauben. Selbst wenn Sie glauben, dass die andere Person alle Macht hat, ist es möglich, dass Sie etwas haben, was sie will, oder dass Sie etwas finden, das sie will, das den Ausschlag zu Ihren Gunsten gibt.

In einer Verhandlung können Sie auf verschiedene Weise mehr Macht erlangen, beispielsweise durch Engagement, Empathie, Autorität, Verständnis für die andere Partei und Bereitschaft.

Die Kraft der Vorbereitung

Je besser Sie vorbereitet und informiert in eine Verhandlung gehen, desto mehr Einfluss haben Sie. Mach deine Hausaufgaben. Der erfahrene Verhandlungsführer Robert Ringer spricht darüber, einen Geschäftsführer, einen Anwalt und einen Buchhalter zu einem Gespräch mit einem alleinstehenden Immobilienbesitzer einzuladen. Dies erweckte den Eindruck, dass die Person über die betreffende Transaktion äußerst kompetent und sachkundig war.

Die Macht der Autorität

Sich selbst die Freiheit zu geben, zu kaufen oder nicht zu kaufen, zu entscheiden, ob man einen Kauf tätigt oder nicht, gibt einem Macht. Außerdem können Sie die Gegenpartei einschüchtern, Ihnen ein besseres Angebot anzubieten, indem Sie deutlich machen, dass Sie ein Experte auf diesem Gebiet sind und genau wissen, wie die Geschäftsbedingungen und Preise aussehen sollten.

Die Macht der Kenntnis der Bedürfnisse der anderen Partei

Je mehr Informationen Sie über die Umstände der anderen Partei haben, desto mehr Macht haben Sie während einer Verhandlung. Sie sind besser in der Lage, ein gutes Geschäft auszuhandeln, wenn Sie erfahren, dass die Gegenpartei einen dringenden Bedarf an einer Ware oder Dienstleistung hat, die Sie anbieten können, oder dass das andere Unternehmen erhebliche finanzielle Schwierigkeiten hat und Kredite oder Geld benötigt.

Die Kraft der Empathie oder Identifikation

Top-Verhandlungsführer nutzen diese Autorität praktisch in jeder Situation. Je länger Sie brauchen, um eine freundschaftliche Beziehung mit der anderen Person aufzubauen, desto wahrscheinlicher ist es, dass Ihr Gegner gelassener und bereit ist, einen besseren Deal auszuhandeln.

Die Macht des Belohnens und Bestrafens

SIE KÖNNEN UND SOLLTEN diese entscheidende Fähigkeit während einer Verhandlung erlernen. Es ist deutlich wahrscheinlicher, dass sie mit Ihnen Geschäfte machen, wenn Sie die Macht haben, ihnen Belohnungen oder Vorteile anzubieten oder sie vorzuenthalten.

Sie werden geneigt sein, mit Ihnen zu verhandeln.

Die Kraft der Investition

Dies ist ein Hinweis darauf, wie viel Zeit und Energie Sie und die andere Partei in diese Verhandlung gesteckt haben. Ihre Investition ist minimal, wenn Sie nur fünf Minuten investiert haben.

Wenn Sie jedoch fünf Tage, Wochen oder Monate hintereinander auf eine Einigung hingearbeitet haben, haben Sie eine erhebliche Investition getätigt, die bei der anderen Seite einen bleibenden Eindruck hinterlässt. Sie haben einen größeren Verhandlungsspielraum, je mehr die andere Partei oder Sie selbst in das Gespräch investieren.

Kapitel 7
Macht und Wahrnehmung

ALLESÜber Macht geht es um Wahrnehmung. Entscheidend ist nicht, wie viel Macht Sie besitzen, sondern wie viel Macht jemand anderes von Ihnen glaubt.

Ein enger Freund von mir, dessen Wert zuvor mehrere Millionen Dollar betrug, hat während der Großen Rezession alles verloren. Er musste überall Abstriche machen, sogar den Verkauf seines Hauses in den gehobenen Hamptons und seiner großen Yacht.

Allerdings hat er es niemandem erzählt.

Derzeit macht er sich auf den Weg zurück. Er kauft und verkauft, handelt und verhandelt, baut ein Unternehmen auf und verkauft ein anderes. Er präsentiert sich so, als hätte er immer noch die gleiche finanzielle Schlagkraft wie vor ein paar Jahren, weil alle denken, er sei immer noch wohlhabend. Alles wird wahrgenommen.

Wie im vorherigen Kapitel behandelt, kommt es auf die Wahrnehmung an, wenn es um die vielen Arten von Macht geht, die in Verhandlungen zum Einsatz kommen.

Dies sind weitere Möglichkeiten, wie wahrgenommene Macht den Verlauf einer Verhandlung beeinflussen kann.

Die Macht der Knappheit

Menschen merken oft erst, wie sehr sie eine Ware oder Dienstleistung kaufen möchten, bis es für sie unmöglich erscheint, sie überhaupt zu bekommen. Wenn Sie eine Transaktion mit dem Eindruck eingehen, dass Sie etwas Seltenes haben, das andere Menschen begehren und bereit sind, es sofort zu erwerben, verfügen Sie über eine enorme Verhandlungsmacht.

Die Macht der Gleichgültigkeit

Indem Sie während der Verhandlung gelassen und emotionslos auftreten, fördern Sie eine Haltung der Gleichgültigkeit und erwecken den Eindruck, dass es Ihnen egal ist, ob Sie die Ware kaufen oder verkaufen. Viele bezeichnen dies als „Pokerface".

Sie werden sehen, dass die Pokersieger einen gefassten Gesichtsausdruck haben und fast gelangweilt zu sein scheinen, wenn sie ihnen im Fernsehen beim Spielen zuschauen. Auf die eine oder andere Weise ist es sogar noch besser, wenn die Gegenseite den Verkauf unbedingt abschließen möchte.

Sie erhalten ein besseres Angebot, wenn die andere Person nicht gleichgültig ist und Sie es sind.

Die Kraft des Mutes

Sie beweisen Mut, indem Sie bereit sind, einen festen Standpunkt zu einem Vertrag einzunehmen, ein konkretes Angebot oder eine konkrete Forderung abzugeben, das Risiko einzugehen, dass die Verhandlungen nicht klappen, und bei Bedarf von einem Geschäft zurückzutreten. Wenn die andere Partei Ihr volles Vertrauen in Ihre Fähigkeiten und Angebote erkennt, schreckt sie sie häufig ab und schlägt Ihnen ein besseres Angebot oder bessere Konditionen vor.

Die Kraft des Engagements

Sie gewinnen den Eindruck von Macht, wenn die andere Partei erkennt, dass Sie sich voll und ganz dem Abschluss der Transaktion und dem Abschluss der Vereinbarung widmen und dass Sie alles Notwendige tun werden, um dies zu erreichen.

Die britische Armee hatte im Zweiten Weltkrieg 80.000 Soldaten in Singapur und war gut ausgerüstet, um eine Invasion abzuwehren. Dennoch besiegten die Japaner die Briten in Singapur mit weniger Truppen. Sie überzeugten die Briten davon, dass sie auf der Insel einmarschieren und alle dort lebenden Menschen, sogar Zivilisten, massakrieren würden, weil sie so sehr auf den Sieg bedacht seien. Da ganz Malaysia bereits unter japanischer Kontrolle stand und die Zahl der Todesopfer hoch war, hatten die Briten keinen Grund, an ihrer Entschlossenheit zu zweifeln, Singapur zu übernehmen. Diese Auffassung von Japans Selbstbestimmung führte zur britischen Kapitulation.

Die Kraft von Wissen und Fachwissen

In einer Verhandlung hat die Partei mit den offensichtlichsten Kenntnissen oder Fähigkeiten enorme Macht. Der Verkauf einer komplizierten oder anspruchsvollen Ware oder Dienstleistung verschafft Ihnen aufgrund Ihrer Beherrschung von Hintergrundinformationen oder Technologie einen klaren Vorteil gegenüber einem Kunden, der sich damit weniger auskennt.

Die wohlhabendsten Einzelhandelsunternehmen der Welt sind die Apple Stores. Während der durchschnittliche Verkauf bei Tiffany & Co. in New York etwa 2.000 US-Dollar pro Quadratfuß beträgt, liegt der durchschnittliche Verkauf in einem Apple-Shop bei 4.600 US-Dollar.

Warum? Aufgrund der außergewöhnlichen Fachkenntnis der Mitarbeiter über die von ihnen angebotenen Waren und Dienstleistungen sind Kunden bereit, Tausende von Dollar für Artikel auszugeben, von denen sie beim ersten Betreten eines Apple Stores nicht wussten, dass sie sie haben wollten.

Kapitel 8

Der Einfluss von Emotionen
auf Verhandlungen

Ein wichtiger Aspekt beim Verhandeln sind Emotionen. Gefühle, insbesondere solche von Verlangen, Gier, Angst oder Wut, können sich während einer Verhandlung zu Ihren Gunsten oder zu Ihren Ungunsten auswirken. Je besser Sie Ihre Emotionen während des Verhandlungsprozesses kontrollieren können, desto wahrscheinlicher ist es, dass Sie die beste Vereinbarung für Ihr Unternehmen oder sich selbst erzielen. Je emotionaler Sie investiert sind, desto weniger kompetent werden Sie in unabhängigen Verhandlungen sein.

Emotionen verzerren Urteile. Wenn Sie zulassen, dass Ihre Emotionen Ihre Entscheidungen bestimmen, werden Sie unfähig, klar zu denken und angemessen zu handeln. Wenn Sie während der Diskussion gelassen bleiben, können Sie eine bessere Einigung erzielen.

Wie sehr willst du es?

Verlangen ist die stärkste Emotion in Verhandlungen. Ihre Verhandlungsfähigkeit nimmt ab, wenn Sie den Wunsch verspüren, etwas zu verkaufen oder eine bestimmte Ware oder Dienstleistung zu kaufen.

Wenn Sie etwas so sehr begehren, dass Sie es nicht einmal schmecken können, werden Sie wahrscheinlich praktisch alles dafür bezahlen. Die andere Person wird Ihnen gegenüber einen Vorteil haben, wenn sie versteht, wie sehr Sie sich etwas wünschen.

Erinnern Sie sich an die Kraft der Apathie, die im letzten Kapitel besprochen wurde? Stellen Sie sich selbst einige Fragen. Was würde passieren, wenn Sie dieses Produkt nie kaufen würden? Was wäre das unglücklichste Ereignis, wenn

Sie diese Verhandlung oder Transaktion verlieren würden? Würde es dich umbringen, wenn du es nicht verstehst?

Machen Sie sich im Voraus auf die Möglichkeit gefasst, dass Sie Ihr Ziel überhaupt nicht erreichen. Je weniger Angst Sie haben, die Verhandlung zu verlieren – egal, ob Sie kaufen oder verkaufen –, desto rationaler werden Sie sein und desto klügere Entscheidungen werden Sie treffen.

Kontrolliere deine Emotionen

Eine weitere Emotion, die einen tiefgreifenden Einfluss auf Ihr Denken hat, ist Gier. Die Vorstellung, etwas umsonst oder für viel weniger Geld zu bekommen, als Sie erwartet hatten, kann zu emotionalen Verzerrungen führen und Ihre Fähigkeit, rational zu denken, beeinträchtigen. Die bloße Vorstellung, etwas zu bekommen, was Ihrer unwürdig ist oder eine schreckliche Situation zu sein scheint, kann Ihre Denkfähigkeit beeinträchtigen.

Angst ist nach Verlangen und Gier die schädlichste Emotion. Es ist wahrscheinlicher, dass Sie auf eine Weise handeln, die möglicherweise nicht in Ihrem besten Interesse ist, wenn Sie mehr Angst vor dem Ergebnis haben. Aus diesem Grund ist es eine großartige Möglichkeit, Ihre Emotionen so zu kontrollieren, dass es Ihnen egal ist, ob Sie in einer Verhandlung gewinnen oder zu einem bestimmten Ergebnis gelangen.

Schließlich ist Wut ein starkes Gefühl, das bei Verhandlungen zu Fehlentscheidungen führen kann. Manipulative Verhandlungsführer nutzen häufig die Ängste und die Wut der Menschen aus, um sie aufzuregen und zu schlechten Entscheidungen zu zwingen.

Bleiben Sie jederzeit ruhig

Wenn Sie in einem Gespräch das Gefühl haben, dass die Dinge persönlich werden, bitten Sie um eine „Auszeit" und gönnen Sie sich eine Pause. Einen Spaziergang machen. Rückkehr nach dem Mittagessen oder an einem anderen Tag. Wenn Sie mit Emotionen jeglicher Art konfrontiert werden, disziplinieren Sie sich, einer Bedingung nicht zuzustimmen oder eine wichtige Entscheidung zu treffen.

Bedenken Sie Folgendes: „Na und? Was passiert, wenn die Vereinbarung scheitert oder nicht funktioniert? Ein äußerst erfolgreicher Geschäftsmann, der mir als Mentor diente, sagte mir einmal etwas, was ich nie vergessen würde. Er pflegte zu sagen: „Brian, „Deals sind wie Busse", wenn ich von einem möglichen Geschäftsabschluss begeistert bin up. Es wird noch etwas passieren.

Ich habe einmal einen klugen Kerl sagen hören: „Es gibt Zeiten, in denen die besten Angebote die sind, auf die man gar nicht erst eingeht."

Üben Ablösung

Das Geheimnis der Kontrolle Ihrer Emotionen besteht darin, sich vorher mental vorzubereiten. Übe den Rückzug. Atmen Sie in der Verhandlung tief durch. Behalten Sie sich selbst im Auge und bewahren Sie Ihre Gelassenheit wie ein Buddhist. Halten Sie Ihre Emotionen im Zaum und vermeiden Sie eine zu starke Identifikation mit der Transaktion.

Das Geheimnis einer starken Position liegt in Ihrer Fähigkeit, ein kühles, gefasstes Gefühl der Distanz zu bewahren. Denken Sie daran, dass die Person mit der geringsten Autorität diejenige ist, die emotional am meisten daran interessiert ist, ein bestimmtes Ergebnis zu erzielen.

Kapitel 9

Das Element Zeit bei Entscheidungen

Wichtige Elemente einer erfolgreichen Verhandlung sind **ZEIT UND ZEITPLAN**. Wenn Sie vor der Verhandlung den richtigen Zeitpunkt berücsichtigen, können Sie in vielen Fällen ein fantastisches Angebot abschließen.

Das Geheimnis ist gelüftet

Es gibt beispielsweise eine Taktik, die Sie beim Kauf eines neuen Autos anwenden könnten. Jeden Monat müssen Vertriebsleiter und Vertreter Quoten einhalten. Wenn Sie innerhalb der ersten drei Wochen des Monats einen Händler besuchen, besteht keine Verpflichtung, sein Kontingent einzuhalten. Daher sind sie für Verhandlungen am wenigsten zugänglich und streben nach den höchsten Kosten.

Es ist ideal, in den letzten zwei oder drei Tagen des Monats ein Auto zu kaufen. Sie können vorab beim Autohaus vorbeischauen und dort im Rahmen einer Probefahrt das Auto auswählen, das Sie kaufen möchten. Beginnen Sie jedoch erst in den letzten zwei oder drei Tagen des Monats mit dem Feilschen um die endgültigen Geschäftsbedingungen, Preise oder Konditionen. Sie erhalten fast immer ein besseres Angebot – und vielleicht sogar ein deutlich besseres Angebot.

Zuvor habe ich ein Verkaufsseminar vor über tausend Teilnehmern gehalten. Ich habe den Zeitpunkt des Autokaufs als unbeschwerte Bemerkung für diejenigen im Publikum angesprochen, die vielleicht darüber nachdenken, dies in Zukunft zu tun. Zu meiner Überraschung waren etwa hundert Fahrzeugverkäufer verschiedener Firmen in der Menge verstreut. Nach dem

Vortrag jagten sie mich die Straße entlang, schrien und beschimpften mich, weil ich eines der bestgehüteten Geheimnisse des Autoverkaufs preisgegeben hatte. Sie waren erzürnt über meine „Offenbarung".

Hüten Sie sich vor einem Gefühl der Dringlichkeit

Der vielleicht wichtigste Aspekt des Timings hat mit der Dringlichkeit zu tun. Ihre Fähigkeit zum Verhandeln nimmt ab, wenn Ihr Wunsch, etwas zu kaufen, zunimmt. Erfahrene Verkäufer und Verhandlungsführer nutzen alle verfügbaren Mittel, um ein Gefühl der Dringlichkeit zu erzeugen, und behindern so die Fähigkeit ihrer Kunden, in ihrem Namen produktive Verhandlungen zu führen.

„Der gesamte Preis ändert sich morgen früh, wenn wir uns heute nicht einigen können", informiert der Verkäufer den Kunden, oder „Wir haben ein Sonderangebot für diesen bestimmten Artikel, aber es endet heute um fünf Uhr." Dann geht es zurück zum Vollpreis.

Als Gegentaktik können Sie antworten: „Wenn ich sofort eine Entscheidung treffen muss, ist die Antwort nein", wenn jemand sagt: „Sie müssen sofort eine Entscheidung treffen, sonst verlieren Sie besondere Geschäftsbedingungen." Allerdings ist die Antwort kann anders sein, wenn ich Gelegenheit habe, Ihr Angebot sorgfältig zu analysieren.

In der Vergangenheit waren die örtlichen Ladenbesitzer Privatbesitzer und beschäftigten die Feuerwehren. Wenn jemandes Haus Feuer fing, schickten sie jemanden zur Feuerwache, um so schnell wie möglich ein Feuerwehrauto zu besorgen. Nach der Ankunft des Feuerwehrautos am brennenden Haus verhandelte der Eigentümer mit dem Hausbesitzer über die Kosten für die Löschung der Flammen. Es versteht sich von selbst, dass der Hausbesitzer nicht in der Lage war, allein zu verhandeln. Dieses Ungleichgewicht führte letztendlich dazu, dass alle Feuerwehren schließlich Eigentum und Verwaltung der Stadt wurden.

— ⌘ —

TREFFEN SIE KEINE ÜBERSTÜRZTE Entscheidung

„Rushing" ist eine weitere manipulative Taktik, die auftritt, wenn jemand versucht, Sie zu einer Entscheidung zu zwingen, bevor Sie Zeit hatten, diese gründlich zu durchdenken. Sie können jemandem, der versucht, Sie zu einer

Entscheidung zu drängen, antworten, indem Sie sagen: „Ich brauche mehr Zeit, um über diese Entscheidung nachzudenken." Ich werde Sie zu einem späteren Zeitpunkt informieren.

Tatsächlich nutzen geschickte Verhandlungsführer Verzögerungen aus. Die grausamste Art der Verleugnung ist die Verzögerung. Für jemanden, der zu einem Ergebnis kommen möchte, gilt: Je länger man eine Verhandlung oder einen Beschluss aufschiebt, desto stärker ist man.

Eine wirksame Taktik, mit der Sie sich verteidigen können, besteht darin, eine Einigung hinauszuzögern. Verzögern Sie wichtige Entscheidungen um mindestens vierundzwanzig Stunden, um Zeit zum Nachdenken zu haben. Je länger Sie während einer Verhandlung eine Entscheidung treffen, desto wahrscheinlicher ist es, dass Sie ein besseres Ergebnis erzielen. Auch der Deal, den Sie letztendlich erhalten, wird besser sein.

Legen Sie Fristen fest und vermeiden Sie diese

Fristen sind ein weiteres nützliches Instrument, wenn es um Timing und Zeitmanagement geht. Versuchen Sie bei Entscheidungen, der anderen Partei einen bestimmten Zeitplan anzubieten. Informieren Sie die andere Partei darüber, dass alle Wetten ungültig sind, wenn Sie bis zu einem bestimmten Zeitpunkt oder Datum keine Entscheidung treffen. Die Kosten, Bedingungen und Umstände werden sich ändern. Sie möchten die Ware oder Dienstleistung an eine andere Person verkaufen.

Der Verhandlungsmeister und Verhandlungslehrer Herb Cohen erzählt eine Geschichte über eine entscheidende Lektion, die er schon früh in seiner Karriere als Führungskraft gelernt hat.

Er reiste nach Japan, um sich einen großen Fertigungsauftrag zu sichern. Dieser mögliche kommerzielle Deal war sowohl für seine Organisation als auch für ihn als junge Führungskraft von Bedeutung.

Seine Gastgeber in Japan holten ihn in einer Limousine ab, brachten ihn zu seinem Hotel und versicherten ihm, dass sie sich um alles kümmern würden, während er als ihr Ehrengast dort sei. Sie wollten seine Flugtickets sehen, damit sie planen konnten, zum Flughafen zurückzukehren und herauszufinden, wann er abfliegen würde. Dadurch wussten sie, dass er sechs Tage in Japan hatte, bevor er die USA verlassen und zurückkehren musste.

In den ersten fünf Tagen bewirteten und bewirteten sie ihn ausgiebig. Sie brachten ihn zur Fabrik und führten ihn herum. Aber sie haben nie über Geschäfte gesprochen. Aufgrund ihrer Höflichkeit versuchte er, im Gegenzug so höflich wie möglich zu sein. Zu ernsthaften Verhandlungen kamen sie aber erst am letzten Tag. Noch im Auto auf dem Weg zum Flughafen verhandelten sie die letzten Details. Er akzeptierte einen weitaus schlechteren Deal, als er jemals bekommen hätte, wenn er gemerkt hätte, dass sie die Zeit gegen ihn ausnutzten.

Die 20/80-Regel beim Verhandeln

Bei der Verhandlung und beim Timing gilt in besonderem Sinne die 80/20-Regel. Diese Regel besagt, dass in den letzten 20 Prozent einer Verhandlung 80 Prozent der wichtigen Themen und der Wert der gesamten Transaktion behandelt werden. In den ersten 80 Prozent einer Verhandlung werden nur 20 Prozent der zu entscheidenden Themen behandelt.

Sie müssen akzeptieren, dass sich die ersten 80 Prozent der Diskussion um unwichtige Themen drehen werden. Erst gegen Ende der Verhandlung, wenn die Zeit knapp wird, werden Sie sich an die Arbeit machen, diskutieren und sich schließlich auf die wichtigsten Punkte einigen, die zur Debatte stehen.

Was ich gelernt habe ist, dass man im ersten Teil der Verhandlung Geduld haben muss. Es hat keinen Sinn, sich zu beeilen. Wenn Sie zwei Stunden Zeit haben, um eine Transaktion zu besprechen, werden die wichtigsten Punkte in den letzten dreißig Minuten entschieden. Sei geduldig.

Kapitel 10

Wissen Sie, was Sie wollen

ES IST FANTASTISCHWie viele Menschen gehen in eine Verhandlung, ohne genau zu wissen, was sie erreichen wollen, und legen daher im Laufe der Zeit ihre Ziele und Wünsche fest. Sie lassen sich schnell davon überzeugen, zu höheren oder günstigeren Preisen zu kaufen oder zu verkaufen, und sind zudem leicht zu kontrollieren.

Sie können diese Situation überwinden, indem Sie Ihre idealen gewünschten Ergebnisse im Voraus planen. Fragen Sie sich: „Welches Ergebnis würde ich erzielen, wenn diese Verhandlung für mich perfekt verlaufen würde?"

Überlegen Sie auf dem Papier. Alles, was Sie wollen, sollten Sie vorab schriftlich festlegen. Menschen, die eine klare Vorstellung davon haben, was sie wollen, und diese schriftlich niedergelegt haben, sind klar im Vorteil gegenüber denen, die unklar oder unsicher sind.

Sprechen Sie mit anderen darüber

Besprechen Sie das bevorstehende Gespräch wann immer möglich mit einem Dritten und legen Sie die Einzelheiten der idealen Lösung dar. Diese Übung, mit Einzelpersonen zu sprechen und Ihre Gedanken aufzuschreiben, garantiert nicht, dass Sie die Ware oder Dienstleistung umsonst erhalten oder dass Sie Ihre Ziele auf Kosten einer anderen Person erreichen. Wenn Sie die Verhandlungen jedoch im Voraus planen, ist es viel wahrscheinlicher, dass Sie zu einer Win-Win-Lösung gelangen, mit der sowohl Sie als auch die andere Partei zufrieden sind.

Bestimmen Sie die Kosten, die Ihnen entstehen, um im Rahmen dieses Verfahrens das optimale Ergebnis zu erzielen. Worauf sind Sie bereit, bei dieser

Verhandlung oder Vereinbarung aufzugeben oder Kompromisse einzugehen, um das zu bekommen, was Sie wollen?

Beste, mittlere und schlechteste Ergebnisse

Denken Sie an drei Ebenen möglicher Ergebnisse: beste, mittlere und schlechteste. Wenn Sie in eine Verhandlungsrunde gehen, sollten Sie diese drei Ergebnisse im Hinterkopf haben und von Anfang an den bestmöglichen Preis und die bestmöglichen Konditionen anstreben.

Sie werden oft erstaunt sein, was passiert, wenn Sie mit dem höchstmöglichen Preis für den Verkauf und dem niedrigsten möglichen Preis für den Kauf beginnen. Aufgrund von Faktoren, auf die Sie keinen Einfluss haben, stimmt die andere Partei manchmal sofort mit Ihnen überein, und es sind keine weiteren Verhandlungen erforderlich.

Das von Ihnen definierte mittlere Ergebnis ist akzeptabel und das drittmögliche Ergebnis ist das Schlimmste, was passieren könnte. Wenn Sie dazu gezwungen werden, das Schlimmste zu akzeptieren, ist dies der niedrigste Wert, den Sie annehmen und dennoch mit der Transaktion fortfahren würden. Dies wird als Ihre „ultimative Ausweichposition" bezeichnet. Sie werden auf dieses Niveau zurückfallen, auch wenn Sie es hassen würden, aber es ist das niedrigste Niveau, das Sie erreichen werden, bevor Sie weggehen. Unterhalb dieses Niveaus würden Sie nicht fortfahren. Legen Sie also im Voraus klar fest, welches Mindestmaß Sie akzeptieren, damit Sie bestens vorbereitet sind.

Beginnen Sie oben (oder unten)

Wo fängt man in einer Verhandlung mit dem Verhandeln an? Sie beginnen etwas über Ihrem allerbesten bzw. optimalen Ergebnis. Möglicherweise müssen Sie auf dem Weg Zugeständnisse machen und am Ende auf einem niedrigeren Niveau landen, aber beginnen Sie immer auf dem allerbesten Niveau, das Sie erreichen möchten.

Arbeitsverhandlungen sind dafür bekannt, diese Taktik anzuwenden. In den Tarifverhandlungen der Gewerkschaften fordern die Verhandlungsführer zunächst eine 50-prozentige Lohnerhöhung in einem Jahr sowie Verbesserungen bei der medizinischen Versorgung, bei den Renten und anderen Leistungen. Sie stellen dieses Angebot als ihre Mindestforderung für einen neuen Gewerkschaftsvertrag dar.

Als sich der Staub gelegt hatte, akzeptierten sie eine Gehaltserhöhung von 5 Prozent über einen Zeitraum von zwei Jahren, ohne dass es zu Verbesserungen bei der Krankenversicherung oder der Rentenversicherung kam. Dann kehren sie zu ihrer Mitgliedschaft zurück und begrüßen dies als einen großen Sieg.

Denken Sie im Vorfeld über Ihre Best-, Medium- und Worst-Case-Positionen nach, damit Sie sich absolut darüber im Klaren sind, was Sie wollen und was nicht.

Beginnen Sie dann mit Ihrem idealen Ergebnis und verhandeln Sie von dort aus nach unten (oder nach oben).

Kapitel 11

Das Harvard-
Verhandlungsprojekt

Die Fakultät und Mitarbeiter von Harvard haben Zehntausende wichtiger und kleinerer Diskussionen in der Wirtschaft sowie in der nationalen und internationalen Politik untersucht. Sie ermittelten vier wesentliche Komponenten für effektive Verhandlungen. (Das Buch „Ja: Negotiating" bietet eine umfassende Erklärung des Harvard Negotiation Project.

Vereinbarung ohne Nachgeben, von Roger Fisher, William Ury und Bruce Patton.)

Menschen.Für eine effektive Verhandlung ist es von entscheidender Bedeutung, die Persönlichkeit der Menschen vom jeweiligen Thema und der jeweiligen Situation zu trennen. Behalten Sie einen kühlen Kopf. Konzentrieren Sie sich auf das Verhandlungsthema; Vermeiden Sie es, sich von den Eigenschaften anderer Menschen ablenken zu lassen, egal ob sie gut oder schlecht sind.

Interessen. Beginnen Sie die Verhandlung, indem Sie die Interessen oder Bedürfnisse der verschiedenen Verhandlungsparteien klar identifizieren. Bevor Sie eine Liste Ihrer Wünsche aufschreiben, schreiben Sie eine Liste der Ergebnisse, die Sie erreichen möchten. Dann entscheiden Sie, was Sie in der Verhandlung bekommen müssen, um Ihre Ziele zu erreichen.

Wenn Sie sich mit den verschiedenen Parteien zusammensetzen, und schon vorher, nehmen Sie sich die Zeit, absolute Klarheit darüber zu entwickeln, was die andere Partei mit dieser Verhandlung erreichen will und muss. Fragen Sie sie: „Wenn diese Diskussion ideal wäre, welches Ergebnis würden wir Ihrer Einschätzung nach am Ende erreichen?"

Optionen. Erstellen Sie eine Reihe von Lösungen in den Bereichen, in denen Sie unterschiedlicher Meinung sind, bevor Sie sich auf eine Diskussion über verschiedene Themen einlassen. Erstellen Sie eine Reihe von Optionen. Verwenden Sie Brainstorming-Techniken, um verschiedene Ideen zu entwickeln. Sie können ein Flipchart, ein Whiteboard oder eine Mindmap verwenden.

Kriterien. Diese werden oft als „Randbedingungen "bezeichnet. Vereinbaren Sie vor der Verhandlung, dass das Ergebnis oder die Schlussfolgerung auf einigen objektiven Kriterien basieren soll. Wie werden Sie entscheiden, ob Sie für beide Seiten ein gutes Ideal gefunden haben? Was möchten Sie vermeiden, erreichen oder bewahren?

Sobald Sie sich beide darüber im Klaren sind, was Sie in der Verhandlung erreichen müssen, um beide Parteien zufrieden zu stellen, vergleichen Sie dann verschiedene Optionen und Schlussfolgerungen mit dem gewünschten Endergebnis. Sie sagen: „Ein gutes Geschäft wird diese Bedingung erfüllen." Es wird uns dieses Ergebnis liefern. Dieses Ziel wird erreicht." Mit anderen Worten: Sie geben an, wie ein gutes Geschäft sowohl für Sie als auch für die Gegenpartei aussehen wird.

Abschließend gehen Sie die verschiedenen Möglichkeiten durch und diskutieren, wie Sie die Interessen und Bedürfnisse erreichen können, die die von Ihnen festgelegten objektiven Kriterien oder Randbedingungen erfüllen.

Dabei handelt es sich um einen kraftvollen Verhandlungsprozess, der dafür sorgt, dass sich die Menschen ausschließlich auf die Ziele konzentrieren und verhindert, dass sie durch Persönlichkeiten und Randthemen vom Kurs abgelenkt werden.

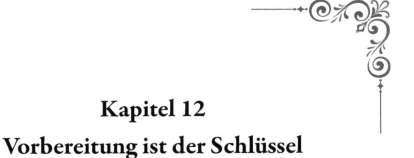

Kapitel 12
Vorbereitung ist der Schlüssel

VORBEREITUNG IST DAS wahres Zeichen des Profis. Mindestens 80 % aller erfolgreichen Verhandlungen beginnen mit einer sorgfältigen Vorbereitung für Sie vor dem ersten Gespräch.

Beginnen Sie mit der Betrachtung des Themas: Worüber werden Sie sprechen? Was ist der Zweck dieser Verhandlung? Definieren Sie klar, was Sie erreichen möchten und welche Themen auf dem Tisch liegen.

Was sind Ihre Ziele und Absichten für dieses Gespräch? Was möchten Sie mit diesem Gespräch erreichen? Je klarer Sie Ihre Ziele definieren, desto schneller erreichen Sie diese und desto einfacher ist es, sie der Gegenseite zu erklären.

OPTIONEN BEDEUTEN FREIHEIT

Der Besitz von Optionen kann Ihr bester Verbündeter sein, um in jeder Diskussion das bestmögliche Ergebnis zu erzielen. Je mehr Alternativen Sie haben, desto mehr Freiheit haben Sie, mit Bedacht zu wählen. Sie sind in einer Verhandlung nur so frei wie Ihre wohlüberlegten Alternativen.

Wenn Sie Optionen nicht im Voraus vorbereiten, besteht Ihre einzige Option in einer Verhandlung darin, das Angebot der anderen Partei anzunehmen. Du wirst gefangen gehalten. Wenn Sie jedoch über eine große Auswahl oder andere Wege verfügen, die Sie einschlagen können, verfügen Sie über viel Stärke, Macht und Verhandlungsspielraum. Erstellen Sie im Voraus und auf Papier so viele Auswahlmöglichkeiten wie möglich. Überlegen Sie sich vor der Verhandlung gründlich Ihre Möglichkeiten.

Fahren Sie mit der Erstellung weiterer Optionen fort

Machen Sie Ihre Hausaufgaben und recherchieren Sie, um andere Quellen für das in Betracht gezogene Produkt oder die betreffende Dienstleistung zu finden. Finden Sie heraus, was Sie dafür bezahlen sollten und wie die Lieferzeiten und -termine sein könnten. Mit mehreren Optionen können Sie ruhig und entspannt in eine Verhandlung gehen und so die Kraft der Gleichgültigkeit während der gesamten Verhandlung nutzen. Wenn Sie über eine Reihe gut entwickelter Optionen verfügen, steht es Ihnen völlig frei, die Geschäftsbedingungen der anderen Person zu akzeptieren oder abzulehnen. Dadurch erhalten Sie immer ein besseres Angebot.

Erfahren Sie alles, was Sie können

Der Schlüssel zur Vorbereitung besteht darin, die Parteien zu recherchieren, mit denen Sie verhandeln werden. Das Internet und insbesondere Google sind heutzutage die ideale Ressource für die Vorbereitung auf ein Gespräch. Es ist erstaunlich, wie viele Informationen man mit nur wenigen Mausklicks herausfinden kann.

Sie kennen wahrscheinlich jemanden, der mit diesen Leuten in Verhandlungen oder im Geschäftsleben zu tun hatte. Rufen Sie sie an, schildern Sie Ihre Situation und lassen Sie sich beraten. Manchmal kann Ihnen ein einziger Wissensschatz oder Ratschlag in einer bevorstehenden Diskussion die Oberhand verschaffen.

Machen Sie ein paar Telefonanrufe

Ein Freund von mir überlegte, ein Produktionsunternehmen zu kaufen. Dieses Unternehmen verfügte über eine Produktlinie, die perfekt zu seinem Unternehmen passte. Der Eigentümer des anderen Unternehmens verlangte mehrere Millionen Dollar für sein Geschäft sowie strenge Konditionen nach dem Kauf.

Mein Freund rief seinen Bankier an und fragte, ob er jemanden bei der Bank des anderen Firmeninhabers kenne. Wie üblich kennen Banker andere Banker, und er rief den Banker der Person an, die sein Unternehmen verkaufen wollte. Er erfuhr privat, dass das Unternehmen in ernsthaften finanziellen Schwierigkeiten steckte; Wenn das Management nicht innerhalb weniger Tage einen Käufer oder eine neue Finanzierungsquelle fand, wurde das Unternehmen von der Bank geschlossen.

Mit dieser Information konnte sich mein Freund mit dem anspruchsvollen und stürmischen Firmeninhaber zusammensetzen und ein außerordentlich gutes Geschäft aushandeln. Er war in der Lage, das Unternehmen ohne Anzahlung zu kaufen, die bestehenden Schulden zu übernehmen und den Eigentümer im Laufe der Zeit mit den aus dem Geschäft erzielten Gewinnen auszuzahlen.

Hinterfragen Sie Annahmen

Peter Drucker schrieb, dass „falsche Annahmen die Wurzel jedes Scheiterns sind."

Falsche Annahmen sind einer der Hauptgründe für Meinungsverschiedenheiten und Missverständnisse in einer Verhandlung. Ein Großteil der Zeit, die in einer Verhandlung aufgewendet wird, wird damit verbracht, falsche Annahmen aufzuklären.

Bevor Sie mit den Verhandlungen beginnen, fragen Sie: „Was sind meine Annahmen?" Genauer gesagt: Was sind Ihre offensichtlichen Annahmen? Was sind Ihre verborgenen Annahmen? Was sind die offensichtlichen und versteckten Annahmen der anderen Partei? Gehen Ihre Gegenparteien davon aus, dass Sie diese Vereinbarung wirklich eingehen wollen? Gehen sie davon aus, dass Sie gleichgültig, freundlich oder feindselig sind? Gehen sie davon aus, dass Sie ein guter Mensch sind oder dass es schwierig ist, mit Ihnen umzugehen?

Testen Sie Ihre Annahmen

Könnten Ihre Annahmen vor allem falsch sein? Was wäre, wenn sie es wären? Wenn Ihre Grundannahmen bei dieser Verhandlung falsch wären, wie müssten Sie dann Ihre Forderungen oder Position ändern?

Wenn wir in eine Verhandlung eintreten, gehen wir davon aus, dass die andere Partei tatsächlich einen Deal abschließen möchte. Manchmal ist dies nicht der Fall. Andere verhandeln möglicherweise nur mit Ihnen, um ihre Verhandlungsposition gegenüber der Partei zu verbessern, mit der sie wirklich verhandeln möchten. Sie möchten lediglich mit Ihnen verhandeln, um das beste Angebot herauszufinden, das sie bekommen können, bevor sie den Deal abschließen. sie wünschen sich mit jemand anderem.

Überlegen Sie daher, wie Sie die Annahmen des anderen klären können, bevor Sie auf die Details der Verhandlung eingehen.

Identifizieren Sie die Hauptprobleme

Fragen Sie abschließend bei der Vorbereitung der Verhandlung: Was sind die Hauptthemen? Wo unterscheiden wir uns in unseren Wünschen oder Bedürfnissen? In welchen Bereichen gibt es Konflikte oder Meinungsverschiedenheiten? Welche Details müssen besprochen und geklärt werden?

Je sorgfältiger Sie sich im Vorfeld einer Verhandlung vorbereiten, desto stärker werden Sie sein und desto besser wird das Geschäft sein, das Sie erhalten. Der Schlüssel zur Vorbereitung liegt darin, Ihre Hausaufgaben zu machen. Holen Sie sich die Fakten. Holen Sie sich die wahren Fakten, nicht die angenommenen Fakten. Wissen ist Macht.

Kapitel 13

Klären Sie Ihre Positionen – und ihre

IHRE POSITIONENsind die Ausgangspunkte. Dazu gehört, woher Sie kommen, wohin Sie gehen und wie viel oder wie wenig Sie akzeptieren können oder wollen. Dies sind Ihre Kriterien oder „Randbedingungen", wie im Kapitel „Harvard Negotiation Project" beschrieben. Es handelt sich um die Zwänge, Grenzen und Faktoren, die in der Vereinbarung behandelt und gelöst werden müssen.

Ihre Position besteht aus Ihren besten und schlechtesten Ergebnissen sowie der Mindest- und Höchstspanne an Preisen und Konditionen, die Sie bei der Erzielung einer Einigung akzeptieren können.

KLARHEIT IST KÖNIG

Was sind Ihre wesentlichen Voraussetzungen für eine erfolgreiche Verhandlung? Was müssen Sie aus diesem Prozess mitnehmen, damit er sich lohnt? Was sind die wichtigsten Dinge, die Sie nicht aufgeben dürfen, egal was passiert? Und was sind Sie bereit zu geben, um das Nötigste zu bekommen?

Welche Art von Anschlusskonzessionen können Sie verlangen oder anbieten? Die Regel besteht darin, in einer Verhandlung niemals ein Zugeständnis zu machen, ohne im Gegenzug ein weiteres Zugeständnis zu verlangen. Wenn Sie in einer Verhandlung etwas Zugeständnisse machen, ohne eine Gegenleistung zu verlangen, wird die andere Partei dies als Zeichen von Schwäche betrachten und für diese Gegenleistung weitere Zugeständnisse verlangen.

Wissen Sie, womit Sie es zu tun haben

Was sind die wesentlichen Wünsche oder Ergebnisse der anderen Partei? Tun Sie alles, um die Mindest- und Höchstwerte der anderen Seite zu ermitteln und zu berücksichtigen. Was müssen sie in dieser Verhandlung unbedingt erreichen oder erhalten?

Vor einiger Zeit habe ich einen Mietvertrag für Büroräume ausgehandelt. In meiner Vorverhandlungsanalyse habe ich nach einiger Recherche herausgefunden, dass der Eigentümer die Räumlichkeiten nur zu bestimmten Konditionen vermieten konnte. Er musste im Mietvertrag einen bestimmten Betrag erhalten, sonst würde der Hypothekengläubiger dem nicht zustimmen. Anhand dieser Informationen wusste ich, dass die Grundvoraussetzungen des Eigentümers innerhalb bestimmter Parameter lagen.

Der Mietvertrag enthielt viele Faktoren, die vom Vermieter ausgehandelt werden konnten. Die Grundmiete wurde jedoch vom Hypothekengläubiger kontrolliert. Die Höhe der kostenlosen Miete, der Parkplätze usw. konnte ich mit dem Bauherrn besprechen, aber die Miete musste sich auf ein bestimmtes Minimum belaufen, sonst war keine Genehmigung möglich.

Ich wusste auch, dass der Gebäudeeigentümer gewisse finanzielle Schwierigkeiten hatte und um das Gebäude zu behalten, musste er innerhalb kurzer Zeit mehr als 80 Prozent des Gebäudes vermieten. Da ich die grundlegenden Anforderungen des Eigentümers kannte, war es mir möglich, einen wesentlich günstigeren Mietvertrag im Hinblick auf Mieterverbesserungen, Kosten für Gemeinschaftsräume und Parkplätze für meine Mitarbeiter auszuhandeln.

DIE SITUATION UMKEHREN

Eine der besten Möglichkeiten, die Ergebnisse einer Verhandlung zu verbessern, besteht darin, die Argumente Ihres Gegners darzulegen, bevor Sie mit der Vorbereitung Ihrer eigenen Argumente beginnen.

Im Jurastudium wird den Studierenden beigebracht, den Fall der Gegenpartei zu übernehmen und auf der Grundlage der Fakten des Falles eine vollständige Argumentation zusammenzustellen, als würden sie für die andere Partei handeln. Erst nachdem sie den Fall für die andere Partei vorbereitet haben, bereiten sie ihren eigenen Fall vor.

Diese Übung ermöglicht es einem angehenden Anwalt oder Verhandlungsführer, die Stärken und Schwächen des Gegners in einer Verhandlung ehrlich und objektiv zu durchdenken. Dieselbe Technik kann Ihnen einen weitaus besseren Überblick darüber verschaffen, was Sie mit Ihren Gegenparteien besprechen werden, sodass Sie vorhersehen können, was sie wahrscheinlich verlangen und wie stark ihre Argumente sind.

Drehen Sie die Situation immer um, bevor Sie beginnen. Versetzen Sie sich in die Lage der anderen Partei. Stellen Sie sich vor, dass Sie die andere Person sind und aus dieser Verhandlung den bestmöglichen Deal herausholen möchten.

Wenn Sie die andere Person wären, worum würden Sie bitten? Was sind die Stärken und Schwächen Ihrer Position? Was ist wichtiger und was ist weniger wichtig?

LEHREN AUS DER VERHANDLUNG eines Mietvertrags

Als ich über einen neuen Büromietvertrag verhandelte, hatte ich es mit einem Vermieter zu tun, der schwierig und anspruchsvoll war.

Mein Gegner bei der Mietverhandlung für ein neues Bürogebäude war ein harter und anspruchsvoller Vermieter.

Mein Problem war, dass ich den Komfort vorzog, in meinen derzeitigen Büros zu bleiben, aber nicht an einen Fünfjahresvertrag gebunden sein wollte. Ich wollte die Freiheit haben, bei Bedarf entweder die Größe zu verkleinern oder an einen größeren Standort umzuziehen.

Ich ging vor der Besprechung mit einem Blatt Papier hin und schrieb alle Wünsche des Vermieters auf, die ich mir vorstellen konnte. Meine Liste umfasste etwa zwanzig Dinge. Anschließend habe ich meine eigene Position in der Verhandlung auf einem Blatt Papier niedergeschrieben.

Bis heute finde ich es erstaunlich, wie viel besser ich ein Geschäft machen konnte, indem ich seine Haltung vorhergesehen habe. Anstatt stundenlang zu debattieren, konnten wir uns in etwa dreißig Minuten auf alles einigen.

Denken Sie im Voraus darüber nach

Bei jeder Verhandlung, bei der ich diese Technik angewendet habe, waren die Ergebnisse die gleichen. Ich habe für mich immer ein besseres Angebot gemacht und eine Win-Win-Situation für uns beide geschaffen. Denken Sie daran, dass in einer Verhandlung jede Partei Themen hat, die äußerst wichtig sind, und andere Themen, die von mittlerer bis geringer Bedeutung sind. Der Grund dafür, dass eine Verhandlung erfolgreich ist, liegt darin, dass beide Parteien in der Lage sind, ihre wichtigsten Ziele zu erreichen, während sie bei den weniger wichtigen Zielen Kompromisse eingehen. Indem Sie alle diese großen und kleinen Ziele vor Beginn auf Papier schreiben, werden Sie klarer denken, effektiver verhandeln und ein besseres Geschäft abschließen.

Ideale Ergebnisse für alle

Vor ein paar Jahren bereitete ich mich darauf vor, nach New York zu fliegen, um einen Deal zu besprechen, der mir Hunderttausende Dollar einbringen würde. Ich nahm Platz und schrieb auf einem Blatt Papier genau auf, wie meine ideale Vorgehensweise aussehen würde.

Wir hatten den ganzen Tag Zeit, die Einzelheiten dieses Deals auszuarbeiten. Aber ich fragte meine Gegner: „Wenn diese Diskussion völlig erfolgreich wäre, was wäre für Sie das perfekte Ergebnis?" anstatt nach dem Vertrag zu fragen.

Sie waren von der Frage etwas überrascht, antworteten aber offenherzig. Sie sagten, wenn das Vertragsgespräch gut verlaufen würde, würde es zu dem von ihnen festgelegten Preis und den Konditionen erfolgen. Das wäre perfekt für sie und in ihren Augen perfekt für mich.

Ich habe ihnen mein ideales Verhandlungsszenario vorgestellt, das nicht allzu weit von ihrem gewünschten Ergebnis entfernt war.

Wir haben uns schnell über all die kleinen Dinge geeinigt, bevor wir zu den wichtigen Dingen kamen. Das gesamte Gespräch dauerte weniger als zwei statt acht Stunden, und alle waren mit dem Ergebnis zufrieden und erfreut.

Kapitel 14

Das Gesetz der Vier

B ei der Durchsicht Hunderter komplexer und einfacher Verhandlungen stellen wir fest, dass es bei jeder Verhandlung in der Regel nur vier Hauptprobleme gibt, die gelöst werden müssen. Während es mehrere kleine Probleme gibt, sind es oft nur vier große. Dieses Gesetz besagt, dass es oft nur vier Hauptprobleme gibt, gelegentlich aber auch eins, zwei, drei oder sogar fünf. Es liegt in Ihrer Verantwortung, zu überlegen und zu bestimmen, was diese vier Bedenken sowohl für die andere Person als auch für Sie selbst sein könnten und was Sie tun können, um sie zu lösen.

Es wird drei kleinere Probleme geben, von denen jedes wichtig ist, aber nicht so wichtig wie das Hauptproblem, und ein grundlegendes Problem, das für den Einzelnen von größter Bedeutung ist.

Wenn Sie beispielsweise ein Haus kaufen, gilt Ihre erste Sorge dem Haus selbst – seinem Design, seiner Attraktivität und seinem Zustand. Danach machen Sie sich Gedanken über die Kosten, die Konditionen der Finanzierung, den Inhalt des Kaufs, den Zeitpunkt des Bezugs und andere Einzelheiten. Wenn Sie beispielsweise ein neues Auto kaufen möchten, liegt Ihr Hauptaugenmerk in der Regel auf der Marke, dem Modell und der Größe des Fahrzeugs. Da das identische Auto jedoch bei mehreren Händlern gekauft werden kann, müssen Preis, Inzahlungnahmewert, Zubehör und/oder Zahlungsbedingungen verhandelt werden. Nachdem Sie sich für ein bestimmtes Fahrzeug entschieden haben, wird der Preis wahrscheinlich Ihr Hauptanliegen sein. Als nächstes besprechen Sie den Inzahlungnahmewert Ihres aktuellen Fahrzeugs, die Extras, den Zinssatz und die Zahlungsbedingungen.

Patt bei den Verhandlungen

Jede Verhandlungspartei hat ein Hauptanliegen, das sie von der anderen Partei unterscheidet. Es ist sehr schwierig, zu diskutieren oder eine Einigung zu erzielen, wenn beide Parteien mit dem gleichen Thema beschäftigt sind.

So finden seit 1947 im Nahen Osten Gespräche zwischen Israelis und Palästinensern statt. Das Land Israel und der Fortbestand des Staates Israel sind für beide Seiten die Hauptanliegen. Die Erhaltung ihres Staates hat für die Israelis oberste Priorität. Die Ausrottung des israelischen Staates hat für die Palästinenser oberste Priorität. Solange dies die wesentlichen Standpunkte beider Parteien sind, können sich Verhandlungen über Jahrzehnte hinziehen, es kann jedoch nie zu einem Ergebnis kommen.

Ihr Hauptproblem

Ein äußerst wirkungsvolles mentales Werkzeug in einer Verhandlung ist das Vierergesetz. Es hilft Ihnen, mehr Kontrolle zu haben. Indem Sie die Hauptprobleme ermitteln, die sowohl Sie als auch die andere Seite haben, können Sie häufig eine Win-Win-Vereinbarung erzielen, bei der jede Partei das erhält, was sie am meisten von den Verhandlungen erwartet. Danach können Sie verhandeln und in kleineren Punkten Zugeständnisse machen.

Eine letzte Sache zum Gesetz der Vier. Es scheint, dass die Themen, über die zuletzt entschieden wird, für beide Seiten wichtig sind. Beim Verhandeln ist die 20/80-Richtlinie relevant. In den letzten zwanzig Prozent einer Verhandlung werden achtzig Prozent der wichtigsten Themen besprochen.

Stimmen Sie den unumstrittenen Fragen zu

In meinem vorherigen Beitrag habe ich eine Immobiliendiskussion ausführlich beschrieben, einschließlich einer langwierigen Entwicklungsvereinbarung mit zweiundfünfzig Änderungen. Bei der Aushandlung dieser Art von Vereinbarung habe ich eine unglaublich nützliche Methode oder Technik entdeckt: Lesen Sie das gesamte Dokument, von der ersten bis zur letzten Seite, und gehen Sie auf alle Klauseln, Bedingungen, Konditionen und Probleme ein, bei denen es Meinungsverschiedenheiten geben kann.

Egal wie groß der Vertrag ist, Sie und die andere Partei werden sich in der Regel über etwa 80 % der Vertragsbedingungen einigen. Wenn Sie eine Klausel oder Bedingung erreichen, bei der es Streit gibt, beschließen Sie, mit der folgenden Klausel oder Bedingung fortzufahren, bei der es vorerst keine

Kontroversen gibt. Nachdem Sie die Vereinbarung von Anfang bis Ende durchgelesen haben, schauen Sie sie sich noch einmal an und konzentrieren Sie sich auf die Bereiche, in denen Sie nicht einverstanden sind. Um diese Probleme anzugehen, werden Sie in der zweiten Iteration damit beginnen, Methoden zu identifizieren, um nachzugeben, Zugeständnisse zu machen und Geschäfte zu tätigen. Bestimmte Probleme werden jedoch immer ungelöst bleiben.

Danach gehen Sie den Vertrag ein drittes und bei Bedarf ein viertes Mal durch. Irgendwann werden Sie die „letzten Vier" erreichen, wo es insgesamt vier Probleme gibt – ein großes Problem, das behoben werden muss, und drei kleinere Probleme. Sie sind nun bereit, sinnvolle Verhandlungen zu führen.

BESCHÄFTIGUNGSBEDINGUNGEN

Wenn Sie sich für eine neue Stelle bewerben, können die von Ihnen ausgehandelten Vergütungen und Vergünstigungen einen erheblichen Einfluss auf Ihr Einkommen und Ihre Arbeitszufriedenheit für die kommenden Jahre haben.

Die Mehrheit der Menschen glaubt zunächst, dass es für sie oberste Priorität hat, den größtmöglichen Lohn zu erhalten. Viele Unternehmen haben jedoch Einschränkungen hinsichtlich der Höhe der Vergütung für eine bestimmte Position. Ein Arbeitgeber wird Ihre Vergütungserwartungen oft nicht erfüllen können. Sie wechseln in der Situation den Gang. Sie verhandeln um mehr Leistungen, darunter einen offiziellen Firmenwagen, einen verbesserten Gesundheitsplan, mehr bezahlte Freizeit als gesetzlich vorgeschrieben, flexible Arbeitszeiten und andere wichtige Themen.

Sobald Sie feststellen, dass das Unternehmen unnachgiebig ist, besteht eine der besten Taktiken darin, die angebotene Vergütung anzunehmen und sich dann darüber zu einigen, was getan oder erreicht werden muss, um eine Gehaltserhöhung zu erhalten. Es ist von entscheidender Bedeutung, dass der Arbeitgeber einer Überprüfung innerhalb von neunzig Tagen zustimmt; Wenn Sie vorgegebene, schriftlich festgelegte und numerisch definierte Ziele erreichen, erhalten Sie einen festgelegten Betrag mehr. Dies ist eine wirksame Verhandlungstaktik für jede Art von neuer Beschäftigung, die Sie annehmen.

Kapitel 15

Die Macht der Suggestion beim Verhandeln

D er Mensch wird stark von den Menschen und Umständen in seiner Umgebung sowie von der Kraft der Suggestion beeinflusst.

Ihre suggestive Umgebung hat die volle Macht über 95 % Ihrer Gedanken, Gefühle und Entscheidungsprozesse. Es liegt in Ihrer Verantwortung, 1) die suggestiven Einflüsse in Ihrer Umgebung und die möglichen Auswirkungen zu erkennen, die sie auf Ihre Gedanken sowie die Gedanken der anderen Partei haben können, und 2) alle angemessenen Schritte zu unternehmen, um diese Faktoren zu kontrollieren.

Berücksichtigen Sie Folgendes: Standort. Die vereinbarten Bedingungen können erheblich von der Umgebung beeinflusst werden, in der die Verhandlung stattfindet. Wenn Sie im Büro einer anderen Person sitzen und deren Personal, Möbel und andere Besitztümer um Sie herum sind, sind Sie bei Verhandlungen in Ihrem eigenen Namen im Nachteil. Da Sie sich außerhalb Ihrer Komfortzone befinden, während die andere Person fest in ihrer verankert ist, sind Sie psychisch deutlich im Nachteil. Sie werden sich weniger sicher und mächtig fühlen, während die andere Person mehr Selbstvertrauen und ein Gefühl persönlicher Autorität ausstrahlt.

Ändern Sie den Standort

Es kommt häufig vor, dass sich die Teilnehmer bei intensiven Diskussionen über Politik, Arbeits- und Managementbeziehungen und besonders komplizierte Wirtschaftstransaktionen dafür entscheiden, sich an einem anderen, neutralen Ort außerhalb ihrer Komfortzone zu treffen. Dadurch sind alle Parteien in Bezug auf die möglichen Auswirkungen ihrer Umgebung gleichberechtigt.

Das Anbieten, bei einem Kaffee oder Mittagessen im Restaurant in der Nachbarschaft über ein Problem zu sprechen, ist eine bessere Idee, als im Sitzungssaal, am Arbeitsplatz oder an einem anderen Ort, an dem die andere Person einen psychologischen Vorteil hat, über eine ernste Angelegenheit zu verhandeln.

DIE KRAFT DER PERSÖNLICHKEIT

Ein weiteres Element der Suggestion ist die Persönlichkeit. Der effektivste Persönlichkeitstyp in einer Verhandlung ist einer, der freundlich, umgänglich und mitfühlend ist. In einer Verhandlung sind Sie umso empfänglicher für die Wünsche der anderen Person, je entspannter Sie mit ihr umgehen können. Darüber hinaus ist das Gegenteil der Fall. Es ist wahrscheinlicher, dass Sie ein besseres Geschäft machen, wenn Sie zugänglich und freundlich sind, als wenn Sie zurückhaltend oder streng sind.

Es wurde festgestellt, dass die wichtigste psychologische Eigenschaft erfolgreicher Verkäufer Empathie ist. Diejenigen, die am geschicktesten darin sind, andere in geschäftliche Geschäfte einzubinden, scheinen über ein hohes Maß an Empathie zu verfügen. Die andere Person respektiert und mag sie und die andere Person fühlt sich wohl dabei, Vereinbarungen mit ihnen zu treffen.

Positionierung und Körpersprache

Körpersprache und Körperhaltung sind weitere Anhaltspunkte. Laut Albert Mehrabian von der UCLA macht die Körpersprache – die Art und Weise, wie Sie sich im Verhältnis zu einer anderen Person bewegen und positionieren – 55 % Ihrer Kommunikation mit ihr aus.

Wenn es um die physische Unterbringung geht, lautet die allgemeine Richtlinie, dass Sie der Person, mit der Sie verhandeln, niemals gegenübersitzen sollten. Wenn Sie direkt gegenüber einem Tisch oder Schreibtisch sitzen, nehmen Sie standardmäßig eine antagonistische Haltung ein. Die unterschwellige Botschaft ist, dass Sie beide Rivalen sind und sich auf eine Art „Kampf" einlassen werden. „Im Laufe der Jahre habe ich herausgefunden, dass das Sitzen in der Katzenecke oder an einem runden Tisch mit der anderen Person weitaus bessere Haltungen zum Greifen bietet Konsens.

Ihre Hände übermitteln eine Botschaft

Auch die Art und Weise, wie Sie während einer Verhandlung Ihren Körper bewegen und Ihre Hände und Arme halten, hat einen suggestiven Einfluss auf das Ergebnis des Austauschs. Wenn Sie zum Beispiel die Arme verschränken, scheinen Sie sich vor den Argumenten der anderen Person zu verschließen. Sie vermitteln, dass Sie mit dem, was die andere Person sagt, nicht einverstanden sind oder es nicht ablehnen.

Offene Hände sind eine der umfassendsten Darstellungen von Aufrichtigkeit, Ehrlichkeit und Offenheit. Wenn Sie in einer Verhandlung mit nach oben gerichteten Händen und ausgestreckten Armen sitzen, implizieren Sie, dass das, was Sie sagen, angemessen, rational und herzlich ist und keine Bedrohung für die andere Partei darstellt.

Sich nach vorne zu beugen, aufmerksam zuzuhören, sich beim Sprechen auf die Lippen der anderen Person zu konzentrieren und zu nicken trägt dazu bei, eine freundliche, aufrichtige und engagierte Person zu vermitteln, die aufrichtig zu einer Lösung kommen möchte, die für alle funktioniert.

Andere suggestive Elemente

Für den Fall, dass die physische Umgebung – Möbel, Beleuchtung und Temperatur – Sie eher dazu neigen, ein besseres Angebot auszuhandeln.

Machen Sie ein Nickerchen oder werden Sie müde. Es ist immer wahrscheinlicher, dass Sie gut verhandeln, wenn Sie in der Nacht zuvor ausreichend geschlafen haben.

Essen, Appetit und Trauer. Ihr Gehirn funktioniert optimal, wenn Sie vor Beginn einer Diskussion ausreichend essen. Ebenso mit Wasser. Bestimmte proteinreiche Lebensmittel sind für Ihr Gehirn am besten. Vermeiden Sie Brot, Bagels, Speck, Wurst und gekochtes Fleisch, da diese dazu führen, dass Sie sich am Vormittag schläfrig fühlen. Ein gemeinsames Mittagessen mit dem Gegenüber vor der Verhandlung ist eine weitere wirksame Suggestionsstrategie. Wir fühlen uns praktisch immer besser und netter zu der anderen Person, wenn wir mit ihr essen. Wenn zwei Menschen etwas teilen, mögen wir sie mehr.

Deine Mentalität. Ihre Einstellung ist die letzte Komponente der Suggestionskraft in Verhandlungen. Eine positive Einstellung, die als allgemeines Gefühl von Glück und Optimismus charakterisiert wird, ist bei einer Verhandlung weitaus effektiver als eine negative Einstellung, wenn es darum geht, die gewünschten Ergebnisse zu erzielen.

Kapitel 16

Überzeugung durch Gegenleistung

In seinem Buch Influence zählt Robert Cialdini die Elemente auf, die am meisten Einfluss darauf haben, wie andere Menschen Sie wahrnehmen und auf Sie reagieren. Seiner Meinung nach ist die Kraft der Gegenseitigkeit die stärkste Wirkung. Zahlreiche Studien belegen, dass die wirksamste Methode zur Einholung von Einwilligung und Verpflichtung die Gegenseitigkeit bzw. das Geben und Empfangen ist.

Im Umgang mit anderen verhalten sich Menschen normalerweise fair. Das bedeutet, dass ich mich verpflichtet fühle, Ihnen etwas von gleichem oder höherem Wert zu vergelten, das Sie für mich erreichen. Dies ist eine typische und natürliche menschliche Neigung.

Es ist der Eckpfeiler der Zivilisation und die Grundlage des Vertragsrechts, das die Durchführung jedes Geschäfts ermöglicht.

Tue Dinge für andere

Das heißt, wenn Sie in einer Verhandlung jemand anderem etwas Gutes tun, ihm zum Beispiel den Stuhl halten oder ihm eine Tasse Kaffee bringen, lösen Sie in ihm den instinktiven Drang aus, den Gefallen zu erwidern – das heißt, positiv auf Sie zu reagieren .

Wenn man Fragen zum Leben, zur Karriere oder zur Familie stellt und ihnen mit echter Neugier zuhört, fühlt man sich wohl.

Verwenden Sie die sokratische Methode

Um Gegenseitigkeit zu initiieren, nutzen Sie den sokratischen Verhandlungsstil. Bevor wir mit der weiteren Diskussion fortfuhren, riet

Sokrates: „Entscheiden Sie zunächst über alle Bereiche, in denen Sie einer Meinung sind."

umstrittene Situationen, in denen Menschen unterschiedliche Ansichten haben.

Wie in „Das Gesetz der Vier", einem früheren Kapitel, dargelegt, empfehle ich Ihnen, die Verhandlung oder Debatte damit zu beginnen, dass Sie jedes einzelne Thema einzeln durchgehen.

Sie werden feststellen, dass es häufig viele Themen gibt, bei denen Sie und Ihr Gegenüber einer Meinung sind und einander tolerieren. Sie schaffen einen guten Impuls für eine Einigung, wenn Sie beide über eine Reihe von Themen sprechen und sich darin einig sind.

Legen Sie die Dinge ab

Wenn Sie und die andere Partei über eine Reihe von Themen diskutieren und Sie an einem Punkt angelangt sind, an dem die andere Seite hartnäckig ist oder anderer Meinung ist, sagen Sie sofort: „Kommen wir darauf zurück."

Die andere Person wird weniger negativ und widerspenstig, je früher Sie ein strittiges Thema hinter sich lassen. Je mehr Dinge Sie zu Beginn vereinbaren können, desto einfacher wird es für die andere Person sein, sich später auf andere Dinge zu einigen. Wenn Sie das Gespräch reibungslos und unkompliziert beginnen, wird die andere Person dies erwidern wollen, indem sie die Schwierigkeiten, die später auftauchen, auf ähnliche Weise anspricht.

Seien Sie zu Beginn der Verhandlung ein „Macher" und nicht ein „Macher". Suchen Sie nach einer Möglichkeit, mit der anderen Person einen Konsens zu erzielen. Dadurch erhöhen Sie die Wahrscheinlichkeit, dass die andere Person Ihnen zustimmen möchte.

STIMME LANGSAM ZU

Auch wenn Sie mit einem bestimmten Punkt nicht nicht einverstanden sind, können Sie diesen Ansatz dennoch zu Ihrem Vorteil nutzen, indem Sie ihm schrittweise, widerwillig und vorsichtig zustimmen. Wenn Sie zu leicht nachgeben und keinen Widerstand äußern, geht die Gegenseite davon aus, dass Ihnen das Problem egal ist. Wenn Sie sich jedoch so verhalten, als wäre ein Zugeständnis wichtig, machen Sie der anderen Person bewusst, dass sie es Ihnen irgendwann zurückzahlen muss.

Drücken Sie den Fairness-Knopf

Fairness ist einer der wichtigsten emotionalen Grundsätze in zwischenmenschlichen Beziehungen und Verhandlungen. Verwenden Sie das Wort „fair" so oft wie möglich, denn es weckt bei der anderen Person den Wunsch, in ihrem Denken positiv zu reagieren. Die Leute werden nicht mit Ihnen streiten, wenn Sie Dinge sagen wie: „Ich denke, es wäre fair, hier Folgendes zu tun", oder „Das erscheint mir in dieser Situation nicht wirklich fair" oder „Ich möchte einfach so sein." fair zu uns beiden.

Bitten Sie die andere Partei um eine Gegenleistung

Wenn Sie unfreiwillig einer Reihe von Kleinigkeiten zugestimmt haben, könnten Sie dann erklären: „Sehen Sie, wir haben Ihren Wünschen in jedem dieser Bereiche entsprochen." Ein kleines Zugeständnis Ihrerseits in diesen anderen Bereichen, die Ihnen offensichtlich am wichtigsten sind.

Preis und Konditionen sind unterschiedlich

Sie können einem Preis zustimmen, der möglicherweise höher ist, als Sie zahlen möchten, solange Sie die für Sie günstigen Konditionen erhalten. Sie können der Gegenpartei mitteilen, dass Sie den höheren Preis zahlen, wenn sie Ihnen im Gegenzug bessere Zahlungsbedingungen bietet. Bedenken Sie, dass Preis und Konditionen zwei sehr unterschiedliche Elemente einer Verhandlung sind.

Meine Freunde und ich verhandelten über den Verkauf einer Millionenimmobilie; Das Grundstück selbst hatte laut Marktvergleich nur einen Wert von etwa 600.000 US-Dollar, aber die Verkäufer verlangten eine Million US-Dollar für ihr Land, weil einer ihrer engen Freunde Anfang des Jahres ein ähnlich großes Grundstück für eine Million US-Dollar verkauft hatte. Natürlich war das andere Grundstück wertvoller, günstiger gelegen und für die Bebauung besser geeignet, aber die Grundbesitzer bestanden darauf, auch für ihr Land eine Million Dollar zu erhalten, sonst würden sie es gar nicht verkaufen.

Nach langem Überlegen beschlossen meine Freunde, dem Verkäufer den geforderten Betrag zu zahlen, sofern sie mit dem Verkäufer einen akzeptablen Deal aushandeln konnten. Der Deal sah vor, dass sie die Millionen Dollar über einen Zeitraum von zwanzig Jahren zu einem Zinssatz von 50.000 Dollar pro Jahr zinslos zahlen würden. Nachdem das Land in separate Parzellen erschlossen und verkauft worden war, bezahlten sie den Verkäufer schneller, da sie von ihren Kunden bezahlt wurden.

Da die Allgemeinen Geschäftsbedingungen für meine Freunde das wichtigste Element und der Preis von 1 Million US-Dollar der wichtigste Grund für die Grundstückseigentümer waren, konnten sie einen zufriedenstellenden Deal erzielen, bei dem beide Parteien vom Verkauf das erhielten, was sie am meisten wollten.

Wenn man eine Verhandlung beginnt, sieht es meist so aus, als gäbe es keinen Raum für eine Einigung.

Wenn Sie jedoch den Fokus der Verhandlungen vom Preis – der in der Regel das Hauptthema ist – auf die Kaufbedingungen verlagern, können Sie häufig eine Win-Win-Vereinbarung erzielen, die beide Parteien zufriedenstellt.

Tatsächlich wurden einige der bedeutendsten Geschäftstransaktionen der Geschichte auf diese Weise abgewickelt.

Kapitel 17

Überzeugung durch Social Proof

Wir werden überproportional von den Handlungen anderer Menschen beeinflusst, mit denen wir uns identifizieren und zu denen wir eine Beziehung haben. Einer der stärksten Auswirkungen auf das Denken ist das, was andere Menschen „wie ich" in einer vergleichbaren Situation getan haben.

Mit den Joneses Schritt halten

Eines Tages klopfte ein freundlicher und fröhlicher Zeitschriftenverkäufer an meine Tür. Sie stellte sich vor und sagte: „Ich habe bei Ihren Nachbarn angerufen, und die durchschnittliche Person, mit der ich spreche, abonniert sechs der Zeitschriften, die ich vertrete. Ich dachte, Sie könnten auch daran interessiert sein, sich diese Liste anzusehen."

Um es mit den Worten von Jerry Maguire zu sagen: „Sie hatte mich bei Hallo."

Wir hatten auch sechs neue Zeitschriften abonniert, bevor wir darüber nachdenken konnten. Ich bin mir nicht sicher, ob wir die Zeitschriften tatsächlich lesen, aber wenn jeder in unserer Nachbarschaft durchschnittlich sechs dieser Zeitschriften kaufen würde, wie könnten wir das ablehnen?

Leute wie wir

Wir werden stark von den Handlungen und Käufen anderer beeinflusst, insbesondere von denen, die unserer Meinung nach hinsichtlich Interessen, Beruf, Einkommen oder sogar politischer oder religiöser Zugehörigkeit uns ähnlich sind. Beispielsweise verhandeln Sie möglicherweise mit jemandem und dieser wirkt negativ oder desinteressiert. In diesem Fall könnten Sie sagen: „Nun, der Grund, warum ich mit Ihnen spreche, ist, dass Ihr Bruder letzte Woche gerade zwei dieser Geräte gekauft hat." Plötzlich wird die andere Person fast immer kauffreudig, einfach weil sie herausgefunden hat, dass jemand, den sie kennt, mag und respektiert, den gleichen Kauf getätigt oder die gleiche Vereinbarung getroffen hat.

Sammeln Sie soziale Beweise

Nutzen Sie Namen, Zahlen, Fakten, Zahlen, Beweise und Beweise von Personen, die die andere Partei kennt. Wenn Sie soziale Beweise verwenden – also Verweise auf andere Personen, die die gleiche Position vertreten haben –, implizieren Sie, dass die von Ihnen angeforderten Geschäftsbedingungen akzeptabel sind.

Beispielsweise wird der Verkäufer häufig sagen: „Geschäftsleute wie Sie entscheiden sich beim Kauf dieses Autos immer für die GPS-Option", wenn Sie gerade ein neues Fahrzeug kaufen.

Wenn Ihnen jemand sagt, dass „Leute wie Sie" diesen Kauf bereits getätigt und sich auf diese spezielle Vereinbarung eingelassen haben, reißt Ihnen das den Stuhl weg und verringert Ihren mentalen und emotionalen Widerstand. Deine Knie werden schwach.

Erwähnen Sie „ähnliche andere in ähnlichen Situationen", die vergleichbare Entscheidungen und Opfer gebracht haben. Die Nennung von Beispielen früherer Parteien, die vergleichbare Vereinbarungen getroffen haben, zeigt, wie vernünftig und gerecht Ihr Antrag ist, und es ist ein starkes Überzeugungsinstrument.

Menschen im gleichen Beruf

Stellen Sie sich vor, Sie verhandeln mit einem Arzt darüber, ihm einen neuen Computer und ein neues Betriebssystem zu kaufen, damit er seine Praxis betreiben kann. Er wird dem Kauf des Systems mit ziemlicher Sicherheit zustimmen, wenn Sie ihm sagen, dass viele andere Ärzte in seinem Fachgebiet es bereits gekauft haben.

Für Menschen ist es viel einfacher, auf eine Position nachzugeben, wenn man ihnen sagt, dass andere Menschen wie sie ebenfalls auf diese Position oder Forderung nachgegeben haben. Dies gilt insbesondere dann, wenn Sie eine Klausel oder Bedingung aushandeln, die die andere Partei für umstritten hält. Nennen Sie Beispiele von anderen Personen, die dieser Person ähnlich sind und sich möglicherweise zunächst gegen diesen Begriff oder diese Bedingung gewehrt haben, ihr aber letztendlich zugestimmt haben.

Nutzen Sie Erfahrungsberichte aller Art

Die Bereitstellung schriftlicher Zeugenaussagen, Briefe oder Listen anderer Personen, die Vereinbarungen zu denselben Bedingungen und Umständen unterzeichnet haben, die Sie vorschlagen, sind einige der effektivsten Möglichkeiten, soziale Beweise zu veranschaulichen.

Vor nicht allzu langer Zeit habe ich einen großen Beratungs- und Schulungsvertrag mit einer großen Bank ausgehandelt. Die Entscheidung wurde aus Kostengründen bis zum Präsidenten getroffen, und er antwortete, dass er sich nicht wohl fühle, den Deal zu unterzeichnen, aber dass er seine Meinung vielleicht ändern würde, wenn ich ihm die Namen anderer Banken nennen könnte, bei denen ich gearbeitet habe mit.

Ich gab ihm innerhalb von vierundzwanzig Stunden eine Liste von zehn nationalen und internationalen Banken, mit denen ich in der Vergangenheit zusammengearbeitet hatte. Ich gab ihm sogar die Namen und Telefonnummern meiner Ansprechpartner in jeder Bank. Als er jedoch die Liste sah, stimmte er zu und unterzeichnete den Vertrag; er hat nie jemanden angerufen oder um Unterlagen gebeten; Er musste lediglich wissen, dass andere Leute „wie er" die Dienste in Anspruch genommen hatten, die ich seiner Bank empfohlen hatte.

Sie erhöhen Ihre Chancen auf ein besseres Angebot erheblich, wenn Sie in eine Verhandlung mit der Absicht eintreten, die Namen von Personen und Organisationen anzugeben, die diese Kaufentscheidung bereits gemäß diesen Geschäftsbedingungen getroffen haben. Dies ist eine der effektivsten Strategien für erfolgreiche Verhandlungen, die jemals gefunden wurde.

Kapitel 18
Preisverhandlungstaktiken

W ir haben zwei Arten von Verhandlungen besprochen**KAPITEL DREI**: die einmalige, kurzfristige Verhandlung und die langfristige Geschäftsverhandlung. Bei kurzfristigen Verhandlungen besteht Ihr Ziel darin, die bestmöglichen Konditionen und Preise zu erzielen, ohne die Möglichkeit in Betracht zu ziehen, dass Sie diese Person wiedersehen oder mit ihr zusammenarbeiten.

Sie können eine Reihe von Preisverhandlungsstrategien anwenden, um einen besseren Preis zu erzielen oder einen einmaligen Kauf oder Verkauf abzuschließen. Glücklicherweise gelten ähnliche Strategien auch für die Aushandlung einer langfristigen Geschäftsvereinbarung, bei der Sie Jahr für Jahr mit derselben Partei verhandeln.

Taktik 1: Das Zucken

Egal wie viel die andere Person anbietet, zucken Sie zusammen und wirken Sie, als hätten Sie gerade etwas Enttäuschendes gehört. Rollen Sie mit den Augen nach oben und hinten, als hätten Sie entsetzliche Schmerzen. Sagen Sie etwas in der Art: „Mensch! Das ist eine Menge Geld!"

Bemerkenswert ist, dass es Situationen gibt, in denen ein bloßes Zucken die Gegenpartei dazu veranlasst, den Preis sofort zu ändern. Wenn Ihre anfängliche Zurückhaltung jedoch beim Verkauf zu einem niedrigeren Angebot oder beim Kauf zu einem höheren Preis führt, sollten Sie bereit sein, die Zurückhaltung während der Verhandlung wiederholt zu nutzen.

Taktik 2: Frage

„Ist das das Beste, was du tun kannst? Kannst du es nicht besser machen?" würde man fragen.

Wenn Sie nach dem Preis fragen und die andere Person antwortet, halten Sie inne, tun Sie erstaunt oder fassungslos und fragen Sie: „Ist das das Beste, was Sie tun können?" und dann ganz still bleiben. Besteht Verhandlungsspielraum, wird der Gegenüber häufig schnell das Angebot erhöhen oder den Preis senken.

Denken Sie daran, dass die Leute, mit denen Sie verhandeln, nicht wissen, ob Sie mit jemand anderem gesprochen haben, der von ihnen ein besseres Angebot gemacht hat. Wenn die Person als Antwort auf Ihre Frage, ob es „das Beste ist, was Sie tun können", den Preis senkt, fragen Sie: „Ist das das Beste, was Sie tun können?" Streben Sie weiterhin nach dem niedrigstmöglichen Preis und den besten Konditionen.

Eine weitere Frage, die Sie stellen sollten, lautet: „Was können Sie am besten tun, wenn ich heute eine Entscheidung treffe?" Dies verstärkt das Gefühl der Dringlichkeit und lässt den Verkäufer befürchten, dass er die Transaktion verlieren könnte.

Sie können gelegentlich jemanden fragen: „Wollen Sie mir sagen, dass Sie diesen Artikel noch nie für weniger als diesen Betrag an jemand anderen verkauft haben? Niemand hat ihn jemals für weniger als diesen Preis gekauft?" Wenn Sie jemandem eine solche direkte Frage stellen, fühlt er sich fast gezwungen, Ihnen ehrlich zu antworten, wenn er es jemals für weniger Geld verkauft hat.

ERHALTEN SIE ES IM ANGEBOT

Beim Kauf von Möbeln, Geräten oder Landschaftsbaugeräten im Einzelhandel fragen Sie sich möglicherweise: „Haben Sie diesen Artikel schon einmal zum Verkauf angeboten?"

Die meisten Einzelhandelsgeschäfte bieten jedes Jahr Sonderangebote für bestimmte Dinge an. Wenn Ihnen mitgeteilt wird, dass der Artikel normalerweise im Frühjahr zum Verkauf angeboten wird, können Sie sagen: „Na ja, ich habe den Verkauf letztes Mal verpasst, aber ich würde ihn heute gerne zu diesem Preis kaufen."

Manchmal genügt es, Verkäufern einen überzeugenden Grund zu geben, Ihnen einen reduzierten Preis anzubieten, um sie davon zu überzeugen und zu motivieren.

TAKTIK 3: BEHAUPTUNG

Wenn Sie einen Preis für einen bestimmten Artikel nennen, antworten Sie sofort: „Ich kann ihn woanders günstiger bekommen."

Sobald Sie den Verkäufern sagen, dass Sie den Artikel woanders günstiger bekommen können, werden sie sofort weich und beginnen, beim Preis zurückzurudern.

Dies liegt daran, dass der Verkäufer nun davon ausgeht, dass Sie woanders hingehen werden, wodurch der Preiswiderstand oft gebrochen wird.

Es ist wichtig zu bedenken, dass Sie auch bei solchen Verhandlungen stets freundlich und zuvorkommend sein sollten. Wenn Sie eine ansprechende Bitte äußern, ist die Wahrscheinlichkeit größer, dass die andere Person dieser nachkommt, als wenn Sie fordernd oder feindselig sind.

Taktik 4: Lowball

Sie machen jemanden, der 100 Dollar verlangt, niederschmetternd, indem Sie sagen: „Ich gebe Ihnen sofort 50 Dollar in bar."

Es gibt eine Reihe von Gründen, warum das Anbieten eines Barzahlungsangebots die Menschen empfänglicher dafür macht, mit Ihnen Geschäfte zu machen. Die drei offensichtlichsten sind 1) niedrigere Lagerkosten, 2) keine Kreditkartengebühren und 3) das Gefühl der „sofortigen Befriedigung". Immer wenn Sie sofort Bargeld anbieten, verringert sich der Preiswiderstand der Gegenpartei dramatisch.

Nehmen wir als weiteres Beispiel an, Sie machen ein Angebot von 50 $ für einen Artikel im Wert von 100 $ und der Verkäufer kontert mit einem Angebot von 60 $. Oftmals werden Sie feststellen, dass Verkäufer immer noch bereit sind, Ihnen für deutlich weniger Geld zu verkaufen, als Sie sich jemals vorstellen konnten, dass Sie zahlen müssten, selbst wenn Sie sie zu einem Preis herabsetzen, der absurd erscheint.

Taktik 5: Das Knabbern

Ein Knabberzeug ist ein Extra. Sie könnten zum Beispiel sagen: „Okay, ich zahle diesen Betrag, wenn Sie die kostenlose Lieferung mit einbeziehen."

Wenn die Gegenpartei nicht bereit ist, etwas anderes in die Vereinbarung aufzunehmen, können Sie höflich sagen: „Ich möchte das Geschäft überhaupt nicht, wenn Sie keine kostenlose Lieferung einschließen."

Das Geheimnis bei der Verwendung des Knabberartikels besteht darin, zunächst den Kauf des Hauptartikels zu vereinbaren und dann die Bedingungen und den Preis festzulegen. Der Verkäufer glaubt, den Artikel zu einem Preis verkauft zu haben, den er gerne akzeptiert, also stellen Sie weitere Forderungen. Diese Taktik funktioniert auch dann, wenn es sich bei dem „Gegenstand", den Sie kaufen, um ein Haus, ein Auto oder ein Boot handelt.

Lehren aus dem Hauskauf

Sie und der Verkäufer haben sich gerade über den Kaufpreis und den Bezugstermin geeinigt. Bevor Sie jedoch irgendwelche Papiere unterschreiben, bitten Sie die Verkäufer, die Möbel, Vorhänge und Gartengeräte in den Angebotspreis einzubeziehen. Sie wären überrascht, wie viele Verkäufer ein Haus für den geforderten Preis komplett – so wie es ist – verkaufen würden.

Mein Freund, der ein ausgezeichneter Verhandlungsführer ist, sagte: „In diesem Preis sind natürlich alle Möbel inklusive der Kunstwerke enthalten, nicht wahr?" Nach dem starken Rückgang auf dem Immobilienmarkt kaufte mein Freund ein Haus, das für 2,4 Millionen Dollar gelistet war. Das ältere Paar stimmte schließlich einem Preis von 1 Million US-Dollar zu, nur um das Haus und die Unterhaltskosten loszuwerden.

Wie sich herausstellte, war das Haus äußerst gut eingerichtet und beherbergte Kunstwerke im Wert von über 100.000 US-Dollar. Sie wollten das Haus jedoch unbedingt verkaufen und stellten fest, dass sie keinen Platz für die Möbel hatten, also sagten sie: „Was zum Teufel" und gaben ihm alles, was er verlangte, obwohl der Verkauf am Ende zu einem viel niedrigeren Preis ausfiel sie hatten gehofft.

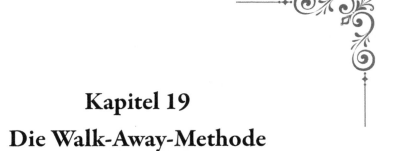

Kapitel 19
Die Walk-Away-Methode

Dies ist eine der effektivsten Verhandlungstechniken. Tatsächlich sollten Sie sich niemals auf eine sinnvolle Verhandlung einlassen, es sei denn, Sie sind bereit, von einem Geschäft zurückzutreten, wenn Ihre wichtigsten Ziele nicht erreicht werden.

Es ist wichtig, Ihre Verhandlungspartner zu recherchieren, um mehr über ihre wahren Bedürfnisse, Wünsche und Probleme zu erfahren. Bevor Sie in eine Verhandlung eintreten, sollten Sie über alle erforderlichen Informationen verfügen, damit Sie aussteigen können, wenn der Preis oder die Konditionen nicht akzeptabel sind. Wir haben zuvor die Bedeutung der Entwicklung von Optionen (Kapitel 12) und des Erlernens dessen, was sonst noch verfügbar ist, besprochen.

Das Gegenteil der Entwicklung von Optionen besteht darin, in eine Verhandlung ohne Optionen einzutreten und dann zu versuchen, mit der anderen Partei eine Einigung zu erzielen. Ohne Optionen haben Sie keine Wahlmöglichkeiten, was bedeutet, dass Sie keine Freiheit haben. Je mehr Freiheit Sie bei den Verhandlungen haben, desto bessere Konditionen können Sie für sich erzielen.

Seien Sie bereit, jeder Verhandlung den Rücken zu kehren

Ich versuche immer, mich bestmöglich in die Lage zu versetzen, jederzeit aus einer Verhandlung aussteigen zu können. Das gibt mir eine unglaubliche Verhandlungsmacht und garantiert fast, dass ich ein besseres Angebot bekomme, als wenn ich meine Optionen nicht geprüft hätte und nicht bereit gewesen wäre, „den Abzug zu drücken".

Wenn Sie etwas verkaufen und beim Kauf den größtmöglichen Preis erzielen möchten, nutzen Sie die Walk-Away-Strategie. Wenn ich verhandele, sage ich oft: „Sagen Sie mir einfach einmal Ihren besten Preis, und ich sage Ihnen ja oder nein, ob ich ihn kaufe oder nicht."

Nutzen Sie den Vorteil

Solche Kommentare verunsichern die Leute oft, weil sie von Anfang an einen ganz anderen Preis erwartet hatten und jetzt mit der Möglichkeit rechnen müssen, dass ich sofort gehe, wenn ihr Preis zu hoch ist.

Alternativ, wenn ich der Käufer wäre, würde ich dem Verkäufer sagen: „Sagen Sie mir, wie hoch Ihr Abschlagspreis ist." Das heißt, Sie sagen mir den Preis, unter dem Sie nicht verkaufen werden. Sie sagen mir Ihren Endpreis, und wenn ich ihn erreichen kann, können wir darüber reden; aber wenn ich es nicht kann, dann gehe ich weg und wir werden es vergessen.

Diese Methode führt häufig zu einem sofortigen Preis, der deutlich unter dem liegt, was die Gegenpartei ursprünglich anbieten wollte.

Weigere dich, zu streiten

Ich habe Häuser, Autos, Haushaltsgeräte und viele andere Gegenstände über den Walk-Away-Laden gekauft. Wenn ich etwas verkaufe, beginne ich fast jedes Gespräch mit den Worten: „Das ist der Mindestbetrag, den ich akzeptieren werde. Wenn dieser Betrag nicht akzeptabel ist, verstehe ich das." Ich feilsche lieber nicht, besonders wenn ich in Eile bin.

„Was ist, wenn Sie das Produkt oder die Dienstleistung wirklich kaufen möchten und sich jetzt selbst eingeengt haben, indem Sie sagen, dass Sie weggehen werden?" ist eine Frage, die Menschen gelegentlich stellen.

Es ist einfach. Denken Sie daran, dass Weggehen nur eine weitere Verhandlungtaktik ist.

Sie können aufstehen, das Zimmer oder den Laden verlassen und sich dann umdrehen und zurückkommen. Es gilt die Regel, dass Sie das beste Angebot erst dann erfahren, wenn Sie aufstehen und damit drohen, zu gehen.

Lektionen zum Autokauf

Meine Frau und ich gingen zum Händler und verkauften das Auto, das sie kaufen wollte, als ich ihr ein neues kaufen wollte. Zu uns gesellten sich zwei Freunde, die sich gut mit dem Kauf und Verkauf von Autos auskennen.

Wir gingen zu den Verhandlungen, nachdem meine Frau und ich das für sie ideale Fahrzeug besichtigt und getestet hatten. Bevor wir das jedoch taten, erklärte ich: „Ich habe im Auto gearbeitet."

Ich weiß genau, wie hoch der Preis für diese Autos ist, und ich weiß, wie viel Gewinn man pro Auto machen muss, um im Geschäft weiterzumachen. Bitte teilen Sie mir Ihren besten Preis für dieses Auto mit und ich sage Ihnen, ob dieser akzeptabel ist. Ist das in Ordnung?

Die Verkäuferin grinste und sagte, das wäre mehr als akzeptabel, und sie bot mir 30.000 Dollar für ein Auto an, von dem ich wusste, dass der Händler es für 25.000 Dollar verkaufen und trotzdem einen Gewinn machen konnte.

„Danke. Folgendes werde ich tun: Ich zahle Ihnen sofort 25.000 US-Dollar in bar für dieses Auto, alles inklusive Steuern und Vorbereitung", sagte ich und warf einen Blick auf die Nummer.

Mein Ehepartner, unsere beiden Freunde und ich standen auf und gingen zum Parkplatz, als sie darauf bestand, dass 30.000 Dollar der beste Preis seien, den sie geben könne. Die Verkäuferin rannte hinter uns her und sagte, sie müsse mit ihrem Manager sprechen. Nach einigem Hin und Her kam die Verkäuferin mit einem „absolut besten" Preis von 28.995 US-Dollar zurück. Noch einmal gingen wir.

Nachdem ich auf diese Weise drei- oder viermal hin und her gegangen war, schlug die Verkäuferin schließlich vor, mir das Auto für 25.000 US-Dollar zu verkaufen, und zwar mit Hilfe ihres Verkaufsleiters und anderer betroffener Parteien.

Denken Sie daran, dass Sie das beste Angebot erst dann kennen, wenn Sie aufstehen und losfahren. Sie müssen nur den Mut haben, es noch einmal zu tun, bis es Ihnen zur zweiten Natur wird.

Kapitel 20

Verhandlungen sind nie endgültig

Verhandlungen sollten als kontinuierlicher Prozess betrachtet werden; es ist nie endgültig. Wenn neue Informationen ans Licht kommen, die Ihr Verständnis der Umstände verändern, kehren Sie zur Verhandlung zurück und beantragen Sie eine Wiederaufnahme.

Wir haben bereits über den „chinesischen Vertrag" gesprochen. Wenn Sie mit einer Partei verhandeln, mit der Sie im Laufe der Jahre regelmäßig verhandeln möchten, sollte Ihnen die Zufriedenheit der anderen Partei am Herzen liegen. Bitten Sie die andere Partei, zu Ihnen zurückzukehren, falls sich die Umstände ändern und die andere Partei mit dem, was Sie vereinbart haben, nicht mehr zufrieden ist.

Fühlen Sie sich niemals in einer Vereinbarung festgefahren, die Sie nach einer Verhandlung unterzeichnet haben. Seien Sie immer bereit, zurückzukommen und nach Änderungen der Geschäftsbedingungen zu fragen; Die einzige Antwort, die Sie erhalten, ist ein Nein. Darüber hinaus werden die meisten klugen Geschäftsleute bei langfristigen Verhandlungen nach Möglichkeiten suchen, Sie zufrieden zu stellen und gleichzeitig die neuen Umstände zu berücksichtigen.

Bieten Sie etwas als Gegenleistung an

Stellen Sie sicher, dass Sie etwas anzubieten haben, wenn Sie zurückkehren und versuchen, eine Vereinbarung neu auszuhandeln. Die Leute werden nicht wirklich versuchen, mit Ihnen neu zu verhandeln, es sei denn, sie können klar erkennen, dass sich daraus ein Nutzen oder Vorteil ergibt. Sie sollten überlegen, was Sie der Gegenpartei anbieten können, bevor Sie sie unter einer Bedingung zum Nachgeben auffordern, die ihn letztendlich Geld kosten wird.

Schreiben Sie alles auf, was Sie zu geben haben, und „verkaufen" Sie der anderen Partei Ihren Wunsch nach Neuverhandlungen, indem Sie die Vorteile hervorheben, die Sie bieten können, um sie davon zu überzeugen, die Verhandlungen wieder aufzunehmen und die Bedingungen und Umstände zu ändern.

Besuchen Sie Ihre Bank

Ich hatte schon früher in meiner Geschäftskarriere finanzielle Probleme. Die Wirtschaft war unerwartet zusammengebrochen und mein Geschäft war um mehr als 50 % zurückgegangen. Ich hatte einen Bankkredit und war nicht mehr in der Lage, die monatlichen Zahlungen für diesen Kredit zu leisten. Was könnte ich tuen?

Ich habe ein kleines Geheimnis über das Bankgeschäft erfahren: Wenn ein Kredit ausfällt, haben Kreditsachbearbeiter oder Bankmanager ernsthafte Probleme mit ihren Vorgesetzten. Wenn Sie jedoch nur jeden Monat die Zinsen für einen Kredit zahlen, können Sie den Kredit in den Bankunterlagen auf dem aktuellen Stand halten, solange die von der Bank vorgestreckten Zinsen auf den Kapitalbetrag eingegangen sind.

Also ging ich zu Bob Murray, meinem Bankmanager, und teilte ihm mit, dass ich, obwohl ich die monatlichen Tilgungszahlungen nicht mehr leisten könne, den Kredit dennoch durch die Zahlung der Zinsen auf dem Laufenden halten könne, wenn er mir etwas Spielraum für eine Periode geben würde Es dauerte noch ein paar Monate, bis es in meinem Geschäft besser wurde.

Zu meinem Erstaunen nahm er den Kredit sofort an, schrieb den Kredit vor meinen Augen um, schätzte die monatlichen Zinsen und fragte, ob ich es mir leisten könne, diese Zahlungen jeden Monat zu leisten.

Ich versicherte ihm, dass ich es könnte, und er schüttelte mir die Hand, dankte mir überschwänglich, und unsere Verbindung blieb gut.

Rufen Sie Ihre Gläubiger an

Ein anderes Mal hatte ich Tausende von Dollar an Verbindlichkeiten für Druck, Miete, Nebenkosten, Versand, Aufnahme, Rechtsberatung und andere Unternehmensdienstleistungen und konnte nicht alle meine Rechnungen bezahlen, da mein Unternehmen erhebliche finanzielle Schwierigkeiten hatte. Das ist eine sehr unangenehme Situation.

Anstatt die Anrufe und Inkassobüros zu ignorieren, erstellte ich eine Liste aller meiner Gläubiger, stattete ihnen einen persönlichen Besuch ab und erzählte ihnen allen die gleiche Geschichte.

„Mein Unternehmen befindet sich aufgrund des aktuellen Wirtschaftsabschwungs in ernsthaften Schwierigkeiten, aber es gibt Hoffnung. Ich glaube, dass sich mein Unternehmen in drei bis sechs Monaten deutlich erholen wird und ich Ihnen jeden Cent zurückzahlen kann, den Sie mir schulden Interesse. Wenn Sie mich jedoch weiterhin anrufen, werde ich einfach meine Firma aufgeben, Insolvenz anmelden und weggehen. Sie werden keinen Cent bekommen. Was würden Sie gerne tun?"

Geschäftsleute sind flexibel

Es war mal wieder großartig. Sie fügten hinzu: „Wir halten Ihr Konto auf dem neuesten Stand, wenn Sie sich dazu verpflichten, jeden Monat eine kleine Zahlung auf Ihr Konto zu leisten. Wenn nicht, werden wir mit Ihnen zusammenarbeiten, bis sich Ihr Geschäft erholt und Sie alles vollständig zurückzahlen können."

Also tat ich es, und sie taten es, und wir alle taten es, und mein Geschäft erholte sich innerhalb von sechs Monaten wieder, und ich zahlte jeden Cent zurück, den ich schuldete.

Scheuen Sie sich nicht, noch einmal zurückzukommen und eine Änderung der Geschäftsbedingungen zu verlangen, wenn Sie sich derzeit aufgrund einer Verhandlung, die Sie in der Vergangenheit geführt haben, in einer schlechten Situation befinden oder weil Ihnen Kosten entstanden sind, die Sie zu diesem Zeitpunkt nicht decken können Zeit. Wenn Sie vernünftig sind und eine vernünftige Lösung anbieten, werden Sie erstaunt sein, wie vernünftig auch andere Menschen sein werden.

Kapitel 21
Der erfolgreiche Verhandler

WAS SIND DIE MARKIERUNGEN VON Aguter VerhandlungsführerUnd **woran erkennt man, ob DU BIST EINER?**Sie werden feststellen, dass gute Verhandlungsführer eine Reihe von Eigenschaften und Strategien gemeinsam haben.

Erstens betrachten sie Verhandlungen als einen endlosen Prozess, der niemals endet. Sie betrachten das Leben als einen täglichen, fast universellen Prozess des Eingehens von Kompromissen und Anpassungen als Reaktion auf konkurrierende Interessen. Im Idealfall führt dieser Prozess zu einer Win-Win-Lösung, gelegentlich ist dies jedoch weder notwendig noch wünschenswert.

Schlechte Verhandlungsführer haben eine feste Vorstellung im Kopf und kämpfen dafür, auch wenn sich die Umstände ändern. Gute Verhandlungsführer sind flexibel und aufgeschlossen gegenüber einer sich ändernden Situation.

Erfahrene Verhandlungsführer sind anpassungsfähig, erkennen schnell die Ziele beider Parteien und sind bereit, ihre Position als Reaktion auf neue Fakten zu ändern oder aufzugeben.

Erfolgreiche Verhandlungsführer sehen sich selbst in einer kontradiktorischen Beziehung und gehen die Verhandlungen eher kooperativ als aggressiv an.

Gute Verhandlungsführer sind nicht wettbewerbsfähig, sondern innovativ. Anstatt sich nur auf den Sieg zu konzentrieren, suchen sie nach einer Lösung, die alle Seiten zufriedenstellt.

Schließlich und vielleicht am wichtigsten ist, dass sie nicht manipulativ sind. Sie wenden keine Unehrlichkeit oder Taktiken an, um die andere Partei in ein Szenario zu zwingen, in dem sie gewinnt und die andere Person verliert.

Bei einmaligen Verhandlungen bemüht sich der kluge Verhandlungsführer nach Kräften, den bestmöglichen Deal zu erzielen, da ihm klar ist, dass dies die einzige Gelegenheit ist, bei der es zu Gesprächen kommt. Unabhängig von den erzielten Bedingungen ist es sehr wahrscheinlich, dass die beiden Seiten niemals weitere Verhandlungen aufnehmen werden.

Aber bei Geschäftsverhandlungen, bei denen die beiden Seiten mit ziemlicher Sicherheit noch einmal diskutieren und zusammenarbeiten werden, denkt der erfahrene Verhandlungsführer bereits über die nächste Verhandlung nach, bevor die aktuelle abgeschlossen ist. Dies erfordert langfristiges Denken seitens des Verhandlungsführers.

In all den Jahren, in denen ich verhandelt habe, ist mir nie aufgefallen, dass kluge Verhandlungsführer aufgrund irgendeiner Art von Täuschung bessere Geschäfte abschließen. In vielen Büchern und Kursen lernen Sie, wie Sie Menschen psychologisch dazu bringen können, Entscheidungen zu treffen oder sich auf etwas festzulegen, indem Sie Strategien wie „Rollentausch" und „Guter/ Bösewicht"-Taktiken anwenden. Diese Strategien sind in der realen Welt selten effektiv.

In der realen Welt sind die erfolgreichsten Verhandlungsführer aufrichtig, direkt und ehrlich und haben eine klare Vorstellung davon, was sie erreichen wollen. Sie verpflichten sich außerdem, eine einvernehmliche Vereinbarung zu treffen.

Um ein guter Verhandlungsführer zu sein, müssen Sie nicht geschickt und manipulativ sein; Stattdessen können Sie ehrlich, direkt und ganz klar sagen, was Sie wollen, und dann mit der anderen Partei zusammenarbeiten, um die beste Methode zu finden, es zu erreichen.

Das Quartett der Grundlagen

Denken Sie an die vier Verhandlungsgrundlagen, auf denen jede erfolgreiche Verhandlung aufbaut. Wenn Sie diese vier Dinge im Hinterkopf behalten, entwickeln Sie sich zu einem effektiven Verhandlungsführer und bleiben dieser auch weiterhin:

Informieren Sie sich über die Fakten und seien Sie rechtzeitig vorbereitet. Die Person mit den meisten Informationen, Auswahlmöglichkeiten und Kenntnissen hat immer die Oberhand. Seien Sie rechtzeitig vorbereitet und informieren Sie sich so gut wie möglich über die Anforderungen, Wünsche und Umstände der anderen Partei.

Scheuen Sie sich nicht, bei Verhandlungen viel zu verlangen, insbesondere was den Preis und die Konditionen angeht, da es sich immer um willkürliche Elemente handelt, die Gegenstand von Diskussionen und Änderungen sind. Sagen Sie: „Bevor wir beginnen, möchte ich Ihnen sagen, womit ich wirklich gerne aus dieser Verhandlung hervorgehen würde." Fragen Sie nach dem, was Sie wollen. Fragen Sie nach Ihrem Weg zum Erfolg.

Suchen Sie nach Win-Win-Lösungen. Vermeiden Sie bei langfristigen Geschäftsvereinbarungen den Versuch, eine Einigung zu erzielen oder zu manipulieren, die für die andere Partei schädlich ist. Streben Sie stattdessen nach einer Win-Win-Situation oder nach einem No-Deal. Denken Sie daran, dass das Leben kurz ist und dass das, was umhergeht, auch umkommt. Wenn Sie jetzt eine Vereinbarung treffen, die der anderen Partei schadet, kann es sein, dass sie Sie später im Leben noch einmal heimsucht und Sie viel mehr kostet als der kurzfristige Vorteil, den Sie erhalten haben.

Üben, üben, üben Ihr Verhandlungsgeschick. Egal, ob Sie Immobilien, Autos, Haushaltsgeräte oder Kleidung kaufen, üben, üben, üben Sie Ihr Verhandlungsgeschick. Die Fähigkeit zu verhandeln, die nur durch ständige Übung entwickelt werden kann, kann Ihnen für den Rest Ihres Lebens zwanzig Prozent oder mehr des gesamten Geldes einsparen, das Sie verdienen oder ausgeben. Durch effektive Verhandlungstechniken können Sie Zeit, Geld und Energie sparen.

Die gute Nachricht ist, dass Sie ein geschickter Verhandlungsführer werden können, indem Sie sich mit dem Thema befassen, das, was Sie in diesem Buch gelernt haben, in die Praxis umsetzen und diese Techniken wiederholt anwenden, bis sie Ihnen selbstverständlich vorkommen. Sie werden viele Möglichkeiten haben, denn Verhandlungen sind ein Prozess, der niemals endet.

Ich wünsche dir viel Glück!

Don't miss out!

Visit the website below and you can sign up to receive emails whenever BRIAN MYLES publishes a new book. There's no charge and no obligation.

https://books2read.com/r/B-A-YZODB-CURZC

BOOKS 2 READ

Connecting independent readers to independent writers.

Did you love *Der Leistung Von Verhandlung : Die Kunst des Deals beherrschen*? Then you should read *Der Millionär Geschäftsgeheimnis : Entdecken Sie die Geheimnisse, die die Reichen an der Spitze halten*[1] by ANDY PETERS!

[2]

Sie träumen davon, Millionär zu werden und ein Leben voller Wohlstand und Erfolg zu führen. Sie arbeiten hart, sparen Geld und investieren klug. Aber irgendwie hat man immer das Gefühl, ins Hintertreffen zu geraten und etwas zu verpassen. Sie fragen sich, was die Reichen wissen, was Sie nicht wissen. Sie fragen sich, was ihr Geschäftsgeheimnis ist.

Die Wahrheit ist, dass die Reichen ein Geschäftsgeheimnis haben, das sie mit niemandem teilen wollen. Es handelt sich nicht um eine Geheimformel, keine Geheimstrategie oder ein Geheimwerkzeug. Es handelt sich um ein geheimes System, mit dem sie ihr Vermögen schaffen und schützen. Es handelt sich um ein System, das aus fünf Elementen besteht:

Eine Denkweise, die es ihnen ermöglicht, groß zu denken und mutig zu handeln

---

Eine Formel, die es ihnen ermöglicht, ein konsistentes und exponentielles Einkommen zu generieren

Eine Strategie, die ihnen hilft, ihr Vermögen zu optimieren und ihre Verbindlichkeiten zu minimieren

Ein Tool, das es ihnen ermöglicht, ihre Zeit und ihr Geld optimal zu nutzen

Ein Netzwerk, das sie mit den richtigen Leuten und Möglichkeiten verbindet

In diesem Buch erfahren Sie, wie Sie dieses System beherrschen und auf Ihr eigenes Leben anwenden. Sie erfahren, wie Sie die fünf häufigsten Herausforderungen meistern, mit denen die meisten Menschen konfrontiert sind, wenn sie versuchen, ihre finanziellen Ziele zu erreichen, wie zum Beispiel:

Mangel an Wissen und Bildung darüber, wie Geld funktioniert und wie man es für sich nutzen kann

Mangelnde Motivation und Disziplin, an Ihrem Plan festzuhalten und Ihre Maßnahmen umzusetzen

Mangelndes Selbstvertrauen und Selbstwertgefühl, an sich selbst und Ihre Fähigkeiten zu glauben

Mangel an Möglichkeiten und Ressourcen, um auf die besten Angebote und Investitionen zuzugreifen

Mangel an Unterstützung und Mentoren, die Sie auf Ihrem Weg begleiten und inspirieren

Dieses Buch bietet Ihnen Lösungen für diese und weitere Herausforderungen. Du wirst lernen wie:

Erwerben Sie Wissen und Bildung, indem Sie Bücher lesen, Seminare besuchen und Kurse zur Schaffung und zum Schutz von Wohlstand belegen

Steigern Sie Ihre Motivation und Disziplin, indem Sie sich SMARTe Ziele setzen, Ihre Fortschritte verfolgen und sich selbst belohnen

Steigern Sie Ihr Selbstvertrauen und Ihr Selbstwertgefühl, indem Sie Ihre Stärken bekräftigen, Ihre Ängste überwinden und Maßnahmen ergreifen

Schaffen und nutzen Sie Chancen und Ressourcen, indem Sie den Markt erforschen, sich mit Experten vernetzen und Ihr Portfolio diversifizieren

Finden Sie Unterstützung und Mentoren und vernetzen Sie sich mit ihnen, indem Sie Mastermind-Gruppen beitreten, Coaches einstellen und Vorbildern folgen

Dieses Buch ist weder ein Plan, um schnell reich zu werden, noch ein Wundermittel. Es ist ein praktischer Leitfaden, der Ihnen die Fähigkeiten und Gewohnheiten vermittelt, die Sie benötigen, um Millionär zu werden und an der Spitze zu bleiben. Es basiert auf den realen Erfahrungen und Erkenntnissen erfolgreicher Menschen, die die Kunst und Wissenschaft der Schaffung und des Schutzes von Wohlstand beherrschen.

Wenn Sie bereit sind, Ihr finanzielles Schicksal selbst in die Hand zu nehmen und sich den Reihen der Reichen und Erfolgreichen anzuschließen, dann ist dieses Buch genau das Richtige für Sie.

Also by BRIAN MYLES

Convirtiéndose A Salir Adelante Por Sí Mismo Millonario : Revelando los
secretos de los millonarios hechos a sí mismos
Devenir Un Fait Soi-Même Millionnaire : Dévoiler les secrets des millionnaires
autodidactes
Werden a Selbstgemacht Millionär : Enthüllung der Geheimnisse
selbstgemachter Millionäre
El Fuerza De Negociación : Dominar el arte del trato
De Stroom Van Onderhandelen : Beheersing van de kunst van het dealen
Der Leistung Von Verhandlung : Die Kunst des Deals beherrschen
Il Energia Di Negoziazione : Padroneggiare l'arte dell'affare
Le Pouvoir De Négociation : Maîtriser l'art du deal

Milton Keynes UK
Ingram Content Group UK Ltd.
UKHW050657280324
440307UK00012B/438